AF499741

L7k
30823.

NOMS PROPRES

SAINT-POLOIS

(Saint-Pol : Ville, Faubourgs et Banlieue)

RECUEILLIS PAR

ED. EDMONT

Extrait de la REVUE DES PATOIS GALLO-ROMANS

NEUCHATEL
ATTINGER FRÈRES, IMPRIMEURS
1890

(in-4)

Offert à la Bibliothèque nationale
St Pol, 21 octobre 1896

[illegible]

NOMS PROPRES

SAINT-POLOIS

NOMS PROPRES

SAINT-POLOIS

(Saint-Pol : Ville, Faubourgs et Banlieue)

RECUEILLIS PAR

ED. EDMONT

Extrait de la REVUE DES PATOIS GALLO-ROMANS

NEUCHATEL
ATTINGER FRÈRES, IMPRIMEURS
1890

SYSTÈME GRAPHIQUE

Les lettres de l'alphabet conservent la valeur qu'elles ont en français. Ce sont : *a, b, d, e, f, i, j, k, l, m, n, o, p, r, t, u, v, z.*

Nota. — *œ* = *eu* français, *w* = *w* anglais, *y* = *y* français dans *yeux*, *h* marque l'aspiration française.

Lettres nouvelles. — *u* = *ou* français, *c* = *ch* français, *g* = *g* dur, *s* = *s* dure, *ŵ* = *u* dans *nuit*, *ẹ* = *e* muet français.

Voyelles. — brèves : *ă, ĕ, ĭ, ŏ, ŭ, ŭ, œ̆*, etc.
— longues : *ā, ē, ī, ō, ū, ū, œ̄*, etc.
— ouvertes : *à, è, ò, ù, œ̀*, etc.
— fermées : *á, é, ó, ú, œ́*, etc.
— nasales : *ã, ẽ, õ, œ̃*, etc. (*ã* = *an* français, *ẽ* = *in* fr., *õ* = *on*, *œ̃* = *un*).
— demi-nasales : *ã, ẽ, õ*, etc.

Nota. — Une voyelle sans aucun signe diacritique est une voyelle indéterminée. Une voyelle sans le signe ˋ ou ˊ est une voyelle *moyenne*.

Consonnes mouillées. — *ḷ* = *l* mouillée, *ṇ* = *n* mouillée ou *gn* français.

Consonne forte. — *ṙ* = *r* fortement roulée.

Sons intermédiaires. — Deux lettres superposées représentent les deux sons voisins : *á, á, é, ú, ú, á, á, á, g, j, j, k, p, t, v, y, y, z.*

Sons incomplets. — Caractères plus petits : *a, e, e, u, a, e, d, g, h, k, s, t, w, ŵ, y*, etc.

N. B. — La pagination des pages 29 à 64 est à rectifier : elles sont par erreur numérotées 85-120.

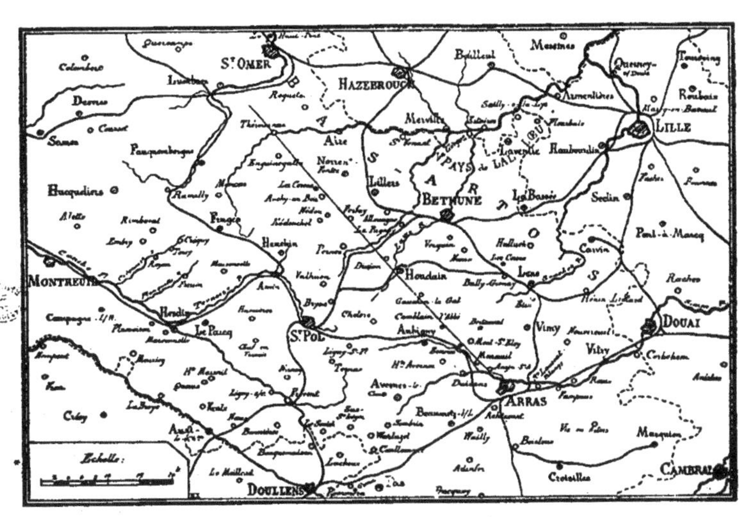

St OMER
HAZEBROUCK
LILLE
Armentières
Merville
Aire
Lillers
BETHUNE
PAYS de LALLEU
La Bassée
Seclin
Pont-à-Marcq
Carvin
Lens
Houdain
DOUAI
Vimy
Vitry
ARRAS
Aubigny
St POL
Hesdin
Le Parcq
MONTREUIL
Fruges
Frévent
Avesnes-le-Comte
CAMBRAI
Marquion
Croisilles
DOULLENS
Auxi-le-Château
Echelle

PARTIE DE L'ARRON-

FRUGES
Lisbourg
Créquy
Coupelle-Neuve
Verchin
Pédelin
Fontaine-les-Boulans
Ruisseauville
Torcy
L'Ermitage
Avondance
Canlers
HEUCHIN
Equirre
Sains-les-Fressin
Planques
Azincourt
Amplicourt
Crépy
Bergueneuse
Boyaval
Tramecourt
Fressin
Maisoncelle
Tilly-Capelle
Teneur
Anvin
Eps
Béalencourt
Erin
Monchy-Cayeux
Fleury
Wamin
Rollencourt
Blangy-sur-Ternoise
Bermicourt
Wavrans
La Loge
Auchy-les-Hesdin
Incourt
Eclimeux
Hunmeuil
Pierremont
Huby-St-Leu
Grigny
LE PARCQ
Humières
Croix
Neulette
Beauvois
Marconne
Noyelle-les-Humières
Siracourt
St Georges
Frénoy
Vieil-Hesdin
Œuf-en-Ternois
Ste Austreberthe
Willeman
Guinecourt
Croisettes
Wail
Le Valentin
Héricourt
Le Quesnoy
Linzeux
Galametz
Blangermont
Vacqueriette
Blangerval
Fillièvres
Aubrometz
Hauteclte
Haut-Maisnil
Conchy-sur-Canche
Monchel
Nuncq
Hazarennes
Boubers-s-Canche
Ligny-sur-Canche
Rougefay
Vacquerie-le-Boucq
FRÉVENT
Buire-au-Bois
Fortel
Boffles
Bonnières

Villages
Hameaux
Chemins de fer
Routes nationales
Chemins de grande communication
Limites d'arrondissement
Echelle Kil.

OISSEMENT DE SAINT-POL

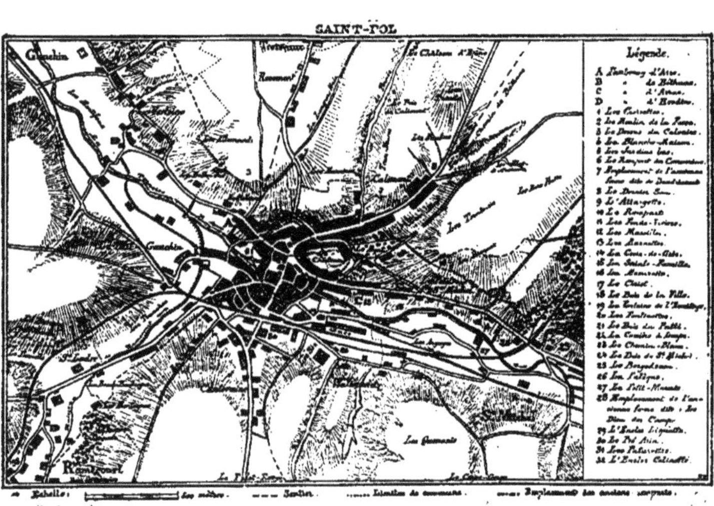
SAINT-POL
Légende.
Gauchin
Echelle
Sentier

NOMS PROPRES SAINT-POLOIS

(Saint-Pol : Ville, faubourgs et banlieue.)

I. SOBRIQUETS [1]

Les surnoms de femmes sont précédés d'un astérisque.

Ceux d'individus de la banlieue sont suivis du nom de leur localité d'origine. Je les transcris comme on les y prononce.

Outre les sobriquets contemporains, j'ai cru devoir faire figurer dans cette liste, avec la forme que leur donneraient actuellement les Saint-Polois, un petit nombre de surnoms anciens, retrouvés dans diverses pièces des XVIIe et XVIIIe siècles.

De courtes notes, accompagnant la majeure partie de ces sobriquets, indiquent leur ancienneté, leur origine ou leur raison d'être. Je cite également les dictons, cris, taquineries ou agaceries des *gàspyô* [2], etc., auxquels ils ont pu donner lieu.

Nota. — L'article et l'adjectif possessif sont comptés dans la série alphabétique.

àdòf-tòrtà. — A les jambes *torses* et se nomme *Adolphe.*

àkǝbiü. — Voir *zàkǝbiü.*

àlbèbèrt. — D'*Albert*, nom de baptême.

àlbĩnòs. — A cause de ses cheveux très-blonds, presque *blancs.*

àrcō, ou *àrcō pàjé.* — *Paget*, nom de famillé.

àrĩnà. — Frère d'*cs bès.*

---

[1] *sòbrĩkè, sùrnō* ou *nō d' bàrtèk.* — La *bàrtèk*, — en francisant : *bretèque*, — était avant la Révolution dans les villes du Nord de la France, une sorte de tribune, ou simplement le balcon de l'hôtel-de-ville, d'où le Magistrat faisait faire la lecture des ordonnances, publications, bans, etc. Les *nō d 'bàrtèk*, quoique moins nombreux qu'autrefois, sont encore très usités à Saint-Pol, particulièrement dans les faubourgs. || [2] *gàspyô* ou *gàstàpyô*, gamin, ou plutôt gavroche.

bābē (Ramecourt).

bārabā. — Surnom de l'aubergiste chez qui se déclara l'incendie qui consuma complètement le faubourg d'Hesdin, en 1730.

* *bārbēt* (Gauchin-Verloing). — Sont quatre sœurs ayant le même sobriquet; on les nomme aussi collectivement : *cē bārbēt*. Voir *tēt-bārp*.

bārba. — De père en fils depuis plus d'un siècle.

bālēt (Herlin-le-Sec).

* *bātāklā*. — De ce qu'un jour de carnaval, pour faire un *gālō*[1], il eut l'idée de se munir d'un attirail *(bātāklā)* d'ustensiles baroques et disparates.

bātīs drīn. — Jean-*Baptiste*, nom de baptême. Sa mère ou sa grand-mère se nommait Alexandrine (familièrement, *drīn*).

bādō. — De ce qu'il avait continuellement un *bandeau* sur le front, à cause d'un coup de pistolet qu'il y avait reçu par accident. — Dit aussi : *vērdē*.

* *bādō-sōflē*[2] (Ramecourt). — De sa manière habituelle de se coiffer.

* *bēbēl-cēcē*, ou simplement *bēbēl*. — Ivrognesse incorrigible, qui fut élevée *dmō cēcē*[3]. On défend, aux enfants qui jouent, de *fēr kōm bēbēl*, c'est-à-dire de se rouler par terre ou dans le ruisseau, comme elle le fait trop souvent lorsqu'elle est ivre.

bēlāka.

bēlēr (Ostreville). — Était *mārīcō*[4] et vétérinaire sans diplôme, autrement dit : *mēd'sē d' cē bēt*[5]. — Un individu de Saint-Pol avait aussi ce surnom.

* *bēlōt*. — Est laide et *bērlāk*[6].

bēnās (Ramecourt). — On lui disait pour l'agacer : *bēnās! kāt ēkāe*[7]! — De père en fils.

bēnwd-lāp. — Est atteint d'une douce folie religieuse.

bēmcē-jīl (Saint-Michel).

bērgōpīōm. — A peut-être assisté au siège de Berg-op-zoom. Sobriquet du siècle dernier.

* *bērlē*. — Etait *bērlāk*. Ses compagnes lui criaient parfois, pour se moquer d'elle : *bērlē! ā prās!*

bērlēgō. — De Bellenguez *(bērlēgē)*, nom de famille.

bērnēzyē (Pierremont).

bēbē.

bībīt-sākrēy.

bīdē-lōj (Ramecourt).

bīdāl. — Existait déjà en 1780 dans la même famille.

bīd'-d'ōzēl.

bījā. — Fils de *bījā-lē*.

bījā-lē. — Père de *bījā*. Était très fortement marqué de la petite vérole.

bīnēt. — Dit aussi *mīclōt*. — Un individu de Ramecourt porte le même surnom.

bīnōt. — Dit aussi *pāyēl* et *zyēp*.

---

[1] Partie de carnaval. || [2] *bādō sōflē*, cheveux bien lissés et arrangés de manière à former, du front à la nuque, deux bandeaux bouffant à l'endroit des tempes. || [3] Chez *cēcē*. || [4] Maréchal-ferrant. || [5] Médecin des bêtes. || [6] Qui louche || [7] Quatre *écouches!*

Fils d'*ĕœ rwĕ d' mdrŏk* (autrement dit : *plă-d' bŏ*), dont il porte aussi les sobriquets.

bĭskŭĕl. — Avait le teint très *bis.*

bĭstălŏ (Monchy-Cayeux).

bĭzăl.

bĭzĕ. — De la couleur de son teint.

blă-d'ĕkăl. — De ce qu'il avait jadis, dit-on, vendu du *blă-d'ĕkăl*[1].

blăjĭ. — Est originaire de Blangy-sur-Ternoise.

blŏdĕ, et collectivement : *cĕ blŏdĕ.* — Les membres de cette famille ont tous les cheveux *blonds.*

bŏbŏw. — Avait une manière à lui d'éconduire les gens ; il leur disait : *dbĭl tĕ tyĕ, vd-t-ĕ dl mĕs*[2]*!* Il n'aurait pas fait bon de répliquer à cette injonction. — Sobriquet transmis à son fils.

bŏdĕ. — Fils de *nĕnĕ bŏdĕ.*

* *bŏdĕ.* — Était une *kdœ-d-l'ĕtrĕ*[3]. Ce sobriquet lui est venu de ce qu'elle rentrait toujours chez elle *kĕrkĕ kŏm œ bŏdĕ*[4].

bŏrnĭbăs. — Était *borgne.*

bŏsŏlĕl. — Sobriquet du siècle dernier.

bŏn-prŏn. — Se nommait Joseph *Bonne.* Pour le taquiner, on lui disait : *bŏn ! bŏn prŏn*[5]*!*

bŏn-săp (Ramecourt). — Était garde-champêtre. J'eus un jour l'occasion de l'entendre convoquer un conseiller municipal de cette commune à une prochaine séance. Voici cette convocation verbale : *ĕœ mĕr ĭl ŏ dĭ k'ŏ s' rĕdĕœ ă el ĕkŏl dĭmĕœ dprĕ l' mĕs. e'ĕ pă œ' kŏsĕl. ŏ vă l' swĕt*[6]*!*

bră-d'ŏr (Gauchin-Verloing). — Mauvais ménétrier (*rdklĕ d' bŏyŏw*), ayant la réputation de toujours jouer le même air.

brdv-ŏm. — Voir *sĭz-ŏrtŏw.*

brĕ-bŏt. — *Botte,* nom de famille.

brĭkmŏl. — A la démarche nonchalante et ne montre aucune énergie.

* *brĭyŏl.* — Vieille femme qui avait la spécialité de soigner les enfants malades. En leur administrant les lavements si fréquemment ordonnés autrefois, elle avait l'habitude de dire aux petits malades : *tărn ĕt brĭyŏl*[7]. D'où le sobriquet sous lequel elle était connue.

brŏkăr[8]. — Allusion probable à sa denture. Sobriquet du siècle dernier.

brătăs.

brœ-d'ŏr. — Orateur des clubs de 1793. Sobriquet transmis à ses descendants.

---

[1] Blanc d'Espagne. ‖ [2] Habille ton chien, va-t'en à la messe. ‖ [3] Mendiant dont la spécialité est de demander un peu de paille pour regarnir sa paillasse. Inutile de dire que les *kdœ-d-l'ĕtrĕ* se hâtent de la vendre après leur tournée. ‖ [4] Chargée comme un baudet. ‖ [5] *prŏn*, prune. ‖ [6] Ce (le) maire il a dit que vous vous rendiez à cette (l')école (où est la mairie) dimanche après la messe. C'est pour ce (le) conseil. On vous le souhaite (le bonjour). ‖ [7] Tourne ton derrière. — *brĭyŏl*, mot forgé par cette femme. ‖ [8] *brŏkar*, s. m., dent canine des carnassiers, et par extension, dent d'une personne, lorsqu'elle est un peu longue.

bàe-trà. — Exerce la profession de vitrier.

bàk. — Parce qu'il avait une grande *bàk*[1].

bilõn (Eps).

bálàt[2]. — Tout petit et assez gros, il a l'air de *rouler* en marchant.

bwàlé (Saint-Michel).

byẽfétœr. — Par antiphrase : il ne faisait l'aumône qu'à regret.

bzi, ou *ébzi.* — Était affecté d'un tremblement nerveux qui le faisait *bzĩné*, c'est-à-dire qui lui mettait continuellement le corps et surtout la tête en mouvement. — *bzi* faisait parfois la contrebande. Un jour, un dénonciateur avisa la gendarmerie que notre homme devait, le lendemain, porter une *kèrk éd tábàk*[3] et la livrer à un individu, dans telle maison et à telle heure. Les gendarmes partirent pour y arriver au moment fixé; mais, en route, ils rencontrèrent *bzi* qui, s'étant douté de la chose, avait porté *s' kèrk* plus tôt, et qui s'empressa de leur dire : *õ: drĩveré trõ tàr : j'ẽn n'àreyẽ; àrtàrnõ ẽsàn*[4]. D'où ce dicton fort connu à Saint-Pol : *ẽj fẽ kõm ébzi : j'ẽn n'àreyẽ*[5].

càl-dìe (Croisettes).

càpàn (Saint-Michel).

cẽ blàœ. — Sobriquet donné, à cause de leur casquette *bleue*, aux membres de l'ancienne société musicale *Les Amateurs-Réunis.*

cẽcẽ.

* *cẽ dẽ.* — Surnom de deux vieilles filles, dont l'une avait de très longues incisives, *dẽ dẽ kõm dẽ pèl*[6].

* *cẽ drĩsèt.* — Ce sont les filles de *tydr-ẽ-brẽzèt.*

cẽ kàmàlõ (Bailleul-aux-Cornailles). — Surnom donné autrefois aux habitants du hameau de la Motte. Il fut un temps, paraît-il, où le château de la Motte était habité par une bande de malfaiteurs, qui se désignaient ainsi entre eux.

cẽ kàrydlàœ. — On avait ainsi surnommé les individus soupçonnés d'avoir pillé la caisse de l'État, qu'un courrier conduisait de Saint-Pol à Arras, vers le commencement de ce siècle, lequel fut attaqué et dévalisé dans les bois du Barlet.

* *cèl grãd' lìtè.*

* *cèl lávès.* — Très méchante femme.

* *cèl tìt ràs.* — Est petite et a les cheveux presque roux. Dite aussi *là ràs.*

* *cẽ màkèt* (Œuf-en-Ternois). — Filles d'*ẽe màkẽ.*

* *cẽ: ànèt*[7] (Saint-Michel). Est-ce parce qu'elles aiment à *cancaner?*

cẽ: ẽpõncẽ. — Surnom que s'étaient donnés les habitants du faubourg d'Hesdin, à l'époque des rivalités qui divisaient si fortement les divers quartiers de Saint-Pol. —

---

[1] Bouche. || [2] Faire *bálàt*, culbuter, rouler en tombant. || [3] Charge de tabac. || [4] Vous arriverez trop tard : j'en reviens; retournons ensemble. || [5] Je fais comme *ébzi :* j'en reviens. || [6] Des dents comme des pelles. || [7] Cane.

Allusion au nom des habitants du faubourg du Haut-Pont, à Saint-Omer (Hautponnais).

cẽcẽ. — De ce qu'il était un peu *cẽsẽt*[1].

cĩmãk. — De père en fils.

* *cĩryãn.*

cõpẽt (Rosemont, commune de Saint-Pol). — Pour se moquer de lui, les gamins lui récitaient, sur un ton cadencé, cette sorte de formulette :

œ̃n é dœ̃ü,	*sit é üĩt,*
cõpẽt é vẽrœ̃ü!	. . . . . .
trwé é kat,	*nœ̃f é dĩe,*
ĩl ẽ malad'!	*ĩ pĩe!*
cẽk é sĩs.	*õ̃z é dõ̃z,*
ĩl a la drĩs!	*ĩ drõs*[2]*!*

* *dãdãr-pĩnẽt.*

dãdĩs. — Parlait, marmottait sans cesse : un vrai *dãdĩs*[3].

dãrõs.

dẽdẽ (Troisvaux).

dẽgrĩẽ.

dẽkõzũ. — De ce que, dans son enfance, il avait porté des vêtements délabrés, troués, *décousus.*

dẽlẽvãl (Diéval).

dẽnĩzẽ.

dẽvẽr.

dõmĩnẽ dãvẽ. — *Dancin*, nom de famille.

dãtrõ.

dãtyõ.

dãdõs. — Portait le prénom d'*Auguste.*

dyã-l'ãdõl. — De la famille des *l'ãdõl.* Était charretier et criait continuellement : *dyã! dyã!* à son cheval, le plus souvent sans motif.

ẽbzĩ. — Voir *bzĩ.*

ẽe bãlõtœ̃ü[4].

ẽe bãrnãtyẽ. — De ce qu'il gagnait sa vie à porter des *bãrnẽy*[5].

ẽe bãlõ (Monchy-Breton).

ẽe bãrõ d' lã õspĩtõl. — Du titre et du nom qu'il se donnait lorsqu'il était étudiant.

ẽe bãyĩ.

ẽe bẽg-kõrn. — Était bègue. *Corne*, nom de famille.

ẽe bẽgtõ (Pernes-en-Artois). — Parce qu'il est *bègue.*

ẽe bẽrjẽ. — Contrebandier de profession; fils d'*ẽe bœ̃.*

ẽe bẽrlã (Ramecourt). — Est *bẽrlã*[6].

ẽe bõs. — Frère d'*ãrẽnã.*

ẽe bĩt. — Voir *ti bĩt.*

ẽe blĩt (Saint-Michel).

---

[1] Minutieux à l'excès, s'occupant à des riens. ‖ [2] Une et deux, — *cõpẽt* est véreux! — Trois et quatre, — il est malade! — Cinq et six, — il a la *drisse!* — Sept et huit, — .....! — Neuf et dix, — il pisse! — Onze et douze, — il *drousse!* (*drĩs* ou *drõs*, diarrhée; — *drĩsẽ* ou *drõsẽ*, évacuer des excréments liquides). ‖ [3] Individu qui parle sans cesse, qui vous ennuie de son bavardage. ‖ [4] *ẽe* ou *e'*, selon le cas : *ãmõ d'ẽe bœ̃, — vlõ e' bœ̃.* — Remarquer que *e*, devant les consonnes *b, d, f, g, j, p, v*, s'adoucit fréquemment en *ĵ*, quelquefois même en *j;* devant *s, z*, il devient souvent *j*, *ĵ*. ‖ [5] Contenu d'un tonneau de vidange. ‖ [6] *bẽrlã*, fém. *bẽrlãk*, qui louche.

ĕe blō (Bryas). — A les cheveux *blonds*.

ĕe bō-dyñ. — Voir *ĕe dyñ*.

ĕe bō-lāwĕ. — Caractère trop facile, une vraie *bĕt dā bō dyñ*[1].

ĕe bŏ. — De ce qu'il a la tête grosse et le cou très-épais.

ĕe bā d'ōm. — De père en fils. Sont tous de petite taille.

ĕe bākānḕü. — A cause de sa grosse voix *(grād bāk)*, ou du *bākā*[2] qu'il faisait ou provoquait bien souvent.

ĕe bārḕü. — Grand mangeur et grand amateur de bonne chère; il était réputé *n'ē prēd dĕ bōn pātĕy*[3]. — Un de ses fils porte le même sobriquet. Voir *pāt-d'ānĕt*.

ĕe bāryōw.

ĕe cōpḕü. — De ce qu'il aime à *cōpē*[4].

ĕe dāk. — Deux individus portent ce sobriquet.

ĕe dē (Herlincourt). — De ce qu'il avait une dent qui *ĕkipuĕy*[5].

ĕe dī. — Était bègue. Ce sobriquet lui vient de ce qu'en bégayant, il avait l'habitude de répéter continuellement : *j' di, j' di, j' di*.

ĕe dōyē (Ligny-Saint-Flochel).

ĕe drāgō. — Fils de *lā drāgōn*.

ĕe dāk.

ĕe dār (Ligny-Saint-Flochel). — Un dur-à-cuire.

ĕe dās. — Dit aussi *stĕ dās*.

ĕe dyñ. — Très ancien sobriquet transmis de père en fils. — Dit aussi *ĕ' bō dyñ* et *ĕ' tĭ dyñ*.

ĕe dyñ d' mōcōw (Moncheaux). — De ce qu'il est fabricant d' *bō dyñ*[6].

ĕe flĕōw (Herlin-le-Sec). — Individu de petite taille, maigre et fluet, qui pourrait, au besoin, passer par de petites ouvertures, comme le font les *flĕōw*[7].

ĕe flĕ (Ramecourt).

ĕe fōdĕü (Herlin-le-Sec). — Très ancien surnom transmis de père en fils. On croit que le premier qui le porta était *fondeur* de cloches.

ĕe frīzĕ bāyār. — Avait les cheveux frisés. — *Bayard*, nom de famille.

ĕe gŏ (Œuf-en-Ternois).

ĕe gĕy.

ĕe gĕs (Herlin-le-Sec). — De ce qu'il aimait le *gĕs*[8] à la folie.

ĕe gōjḕü. — Est un *gōjĕ*[9] en retraite.

ĕe gḕü. — D'un terme d'amitié : *mē gḕü*, que ses parents lui appliquaient dans son enfance.

ĕe gāgḕü. — Même origine sans doute qu'*ĕe gḕü*.

ĕe grā-ĕĕl (Belval, commune de Troisvaux). — *Le grand Charles*.

ĕe grā-kĕ ou *ĕ' tĭ kĕ*. — Fils d'*ĕe kĕ*; est de grande taille.

---

[1] Bonasse. ‖ [2] Tapage causé par des individus qui *s'ĕgālt*. ‖ [3] En prendre de bonnes *ventrées*. ‖ [4] Boire des *cōp*. La *chope* de bière, qui devrait être de la contenance d'une *pĕt* (demi-litre), ne contient guère aujourd'hui plus qu'un *bock*. ‖ [5] Faisait saillie. ‖ [6] De crucifix. ‖ [7] Putois. ‖ [8] Bouillie faite avec de la farine et du lait de beurre; on y ajoute parfois des pommes ou des *kūrō* (sorte de petites prunes aigres) : *dā gĕs d pēm, dā gĕs d kūrō*. ‖ [9] Vérificateur des poids et mesures.

ĕe gri. — Un individu de Tincques porte le même sobriquet.

ĕe grŏ. — A cause de sa corpulence.

ĕe grŏ ăjŏw. — Un Lovelace. Sobriquet caractéristique.

ĕe kădă[3] (Herlin-le-Sec).

ĕe kălĕ. — Sobriquet porté depuis très longtemps par tous les membres de la famille *Lecas*. Quelques-uns sont dit : *ĕ'tĭ kalĕ.*

ĕe kălŏdĕtĕ (Gauchin-Verloing). — Passerait ses journées à *kălŏdĕ*[1].

ĕe kănwăn. — De père en fils.

ĕe kăpĭtĕn (Ramecourt). — Fut militaire (non gradé).

ĕe kărăbĕ. — De père en fils depuis très longtemps. Le père de celui qui est décédé il y a environ un an était *vărlĕ d' băryŏw*[2]; c'était lui qui préparait la plate-forme où l'on exposait les condamnés au carcan; il aidait aussi au montage des bois de justice, quand une exécution capitale avait lieu à Saint-Pol.

ĕe kărăbĭyĕ. — D'une enseigne de cabaret : *Au Carabinier.* Sobriquet transmis de père en fils.

ĕe kăl-ă-bŏdĕ (Foufflin-Ricametz).

ĕe kălŏ (Troisvaux). — Avait été *kălŏ*[3].

ĕe kăă. — Sobriquet du siècle dernier[4].

ĕe kĕkĕ. — De ce qu'il est un peu *bègue.*

ĕe kĕ. — De ce que, dans son enfance, ses parents l'appelaient familièrement : *mĕ kĕ*[5].

ĕe klĭă (Herlin-le-Sec).

ĕe klĕŏw (Ramecourt).

ĕe kmĕ d' fĕr. — A cause de la rapidité de sa marche.

ĕe kŏ (Gauchin-Verloing). — De *Lecas*, nom de famille.

ĕe kŏ (La Forêt, commune de Saint-Pol). — Cabaretier à l'enseigne du *Coq chantant.*

ĕe kŏk. — Se nomme *Cocq.*

ĕe kŏklĕ. — De ce que sa mère était une *Cocq*[6].

ĕe kŏkŏ (Œuf-en-Ternois).

ĕe kŏskrĭ (Saint-Michel). — De père en fils.

ĕe krĕkdŏl (Saint-Michel).

ĕe kŭ blŏ.

ĕe kŭ d' plŏ ou *ĕ' plŏ.* — De ce qu'il est toujours assis (Il est cordonnier).

ĕe kŭrĕy. — De ce qu'il a au sommet de la tête une cicatrice en forme de tonsure, résultat d'un coup de caillou qu'il y reçut un jour.

ĕe kăkă (Ramecourt).

ĕe kărsyĕ.

ĕel dgăe. — Parce qu'elle marche en sautillant. On dit ici : sauter comme *ŏn dgăe*[7].

ĕel ăjĕ (Ostreville). — Fut *agent national* de cette commune à l'époque révolutionnaire.

ĕe lăpĕ (Hestrus).

ĕel ărdrĕsĕ. — Marchait le corps

[1] Babiller, bavarder. || [2] Valet de bourreau. || [3] Charron. || [4] *kăă*, matou. || [5] *mĕ kĕ, mĕ kĕkĕ, mĕ kĕkĕ*, termes d'amitié donnés fréquemment aux enfants. || [6] *kŏklĕ*, jeune coq, petit coq. || [7] Une pie.

renversé, à cause d'une piqûre qu'il se fit un jour à la base de la colonne vertébrale. — Dit aussi *ė' rėvėrsėy*.

ėėl ȧrtis. — Est en toutes choses ingénieux et très adroit.

'*ėėl ȧrtrȧsėt* (Gauchin-Verloing).

ėėl ȧvȯkȧ. — Très ancien surnom porté par les membres de deux familles différentes et transmis de père en fils. Les premiers qui furent ainsi appelés étaient sans doute de beaux parleurs, des *avȯka*[1].

ėėl ėjipsyė.

ėe lė litė. — Était un *litė* fort *laid* de visage.

ėėl ėtȧlō.

ėėl ėvėk ȧ bȯdė. — On avait ainsi surnommé le second évêque constitutionnel du Pas-de-Calais, M. Asselin, parce qu'il avait l'habitude de se servir d'un âne dans le cours de ses tournées pastorales.

ėėl īglė (Pronay, commune de Rameccourt). — Soldat anglais qui s'y est fixé après l'occupation de 1815-1817. — Sobriquet passé à ses descendants.

ėėl ėjėyėr ou *ėl ėjiyėr*. — De ce qu'il était adroit, *ingénieux* en toutes sortes de travaux.

ėe lȧnȧnȧ (Gouy-en-Ternois).

'*ėėl treō*. — De ce qu'elle était toute petite, dans son enfance[2].

ėe lȯrė. — De ce qu'il avait été *lȯrė*[3].

ėe lėü.

ėėl ȯrlō.

ėėl ȧjȯœ.

ėėl ȯrs. — Était cabaretier à l'enseigne de l'*Ours blanc*.

ėėl ȯrs kȯyė. — De ce qu'il remplit un jour le rôle d'un *ours*, dans une partie de carnaval. — *Collier*, nom de famille.

ėėl ȧjō (Étrée-Wamin).

ėe lėb (Saint-Michel).

ėe mȧlfȧjȧ[4] (Ligny-Saint-Flochel). — De ce qu'étant berger, il nourrissait bien souvent ses moutons au détriment du contenu de la grange de son maître, et à l'insu de ce dernier. — De père en fils.

ėe mȧlėō (Herlin-le-Sec). — Avait été *maréchal-ferrant*.

ėe mȧrki d' bwȧ-mȯr — Voir *kȧ d' pȧtȧlō ȧ pyė*.

ėe mȧrki dėz ȧgėt[5]. — Fils d'un marchand de bois et marchand de bois lui-même. Est *ȫ mȯlė dblȧyȧrȫ*[6] et prend volontiers un petit air protecteur lorsqu'il parle à *ėė jė*[7].

ėe mȧrki d' fȧlėr. — Beau parleur, haut de taille, belles manières.

---

[1] Celui qui fait l'important, qui croit tout savoir, qui donne sentencieusement son avis. || [2] *treō*, hérisson; au fig., enfant relativement petit, moutard. || [3] Tueur, écorcheur de bêtes (chats, chiens, etc.). || [4] *mȧlfȧjȧ*, malfaisant, méchant. || [5] *ȧgėt*, branche de chêne écorcée servant pour le chauffage. || [6] Un peu hâbleur, faiseur d'embarras. || [7] Aux gens.

Fut clerc d'avoué et devint un jour conseiller municipal, à grand renfort de *sǒp*[1] et de belles paroles.

ĕe mĭnèr. — De ce qu'il fut sapeur-*mineur* dans l'arme du génie.

ĕe mòrdàk. — De ce qu'il jurait et sacrait *à mòr ĕ à dàk*[2].

ĕe mŭyŏw.

ĕe mŏzĭ — De ce qu'il était devenu grison dans un âge peu avancé[3].

ĕe mŏkĕ (Œuf-en-Ternois).

ĕe mòl. — Bel homme, de haute taille et bien proportionné : un beau *moule.* — On dit encore aujourd'hui, par dérision, d'un individu laid et difforme : *vlà-t-ĭ pa œ byŏ mòl*[4]*!*

ĕe mŏeyŏ (Divion).

ĕe mwăn (Œuf-en-Ternois). — Se nomme *Lemoine.*

ĕe nwàr, et collectivement : *sĕ nwàr.* — Membres d'une même famille, ayant le teint basané et une chevelure très noire rappelant le type des Espagnols, dont on prétend qu'ils descendent.

ĕe yŏ. — Individu décédé vers 1830. Ainsi surnommé à cause de sa niaiserie.

ĕe pàyŏ. — De père en fils depuis très longtemps.

ĕe pàtrŏ.

ĕe pèr. — Deux individus portaient ce surnom.

ĕe pèr fàrŏ. — Était cabaretier à l'enseigne du *Père Faro.*

ĕe pĕtĭ. — De ce que, dans son enfance, on le nommait ainsi, pour le distinguer de son frère aîné.

ĕe pĭkà. — De ce qu'il a, je crois, le verbe un peu *haut.*

ĕe pĭstŏ (Saint-Michel).

ĕe plŏ. — Voir *ĕe kŏ d' plŏ.*

ĕe plŏ (Saint-Michel).

ĕe pŏeàr (Herlin-le-Sec). — De ce qu'il avait la fâcheuse habitude de *pŏeĕ*[5], ou de pincer toutes les personnes qui l'approchaient ou qui lui parlaient, particulièrement les jeunes filles.

ĕe pŏtŏyĕ. — D'une enseigne de cabaret : *Au Pontonnier*

ĕe prĕfĕ. — De père en fils depuis très longtemps. Les *prĕfĕ* sont tous quelque peu *dwŏka*[6], et ont l'air de se croire supérieurs à leurs concitoyens. — Un individu de Saint-Martin-Eglise porte également ce sobriquet.

ĕe prĕs. — Avait une démarche noble et prenait des airs tout à fait princiers. — Un individu de Lenzeux porte le même sobriquet.

ĕe rĕvĕrsĕy. — Voir *ĕsl àrdrĕcĕ.*

ĕe rĭe. — Individu devenu riche presque subitement. Dit aussi *tĭ tà.*

ĕe rŏ (Œuf-en-Ternois).

ĕe rŏmsĕ (Saint-Michel).

ĕe rŏ (Œuf-en-Ternois).

ĕe rŭs. — Dit aussi *là tĕrĕr* et *frĭskĕ.* Voir *là tĕrĕr.*

ĕe rŏ. — De la couleur de ses cheveux.

---

[1] *sŏp*=*bock* de bière. || [2] Continuellement, à outrance. || [3] *mŏzĭ*, moisi. || [4] Voilà-t-il pas un beau moule! || [5] Presser fortement avec le pouce *(pŏw)*. || [6] Qui fait l'important, qui croit tout savoir.

ĕe rŭ mărteô. — De la couleur de ses cheveux. Exerçait la profession de maréchal-ferrant.

ĕe rwĕ d' mărŏk. — A fait la campagne d'Isly. Aimait à se vanter, et amplifiait fortement le récit de son expédition. Dit aussi *plô-d' bô.* — Surnoms restés à son fils.

ĕe rwĕ d' pĭk. — En lui tout est raide et fier, démarche, caractère, parole, etc. On dit ici : *rwĕ kŏm œ pĭk*[1].

ĕe să-prĕfĕ (Bailleul-a.-Cornailles).

ĕe tărtĭr.

ĕe tărĕ. — Est un *tĕdœ*[2] passionné, particulièrement amateur de *tarins.*

ĕe tăpō. — De père en fils depuis plus d'un siècle.

* *ĕe tĕlĕgrăf* (Gauchin-Verloing). — De ce qu'elle gesticule fort en parlant, et colporte très rapidement les nouvelles.

ĕe tĕ (Saint-Michel). — De père en fils depuis très longtemps.

ĕe tĭ bătĭs (Gauchin-Verl^ng). — Par antiphrase : il a près de six pieds[3].

ĕe tĭ băyĭ.

ĕe tĭ bĕrjĕ (Ramecourt). — Son père était berger. Il venait très souvent à Saint-Pol, une hotte sur le dos, et avait l'habitude, à chaque voyage et en bon chrétien qu'il était, de faire à l'église le chemin de la Croix..., sans quitter sa hotte.

ĕe tĭ blœ̈. — Avait été dans la musique des *blœ̈*. Voir *cĕ blœ̈.*

ĕe tĭ bœ.

ĕe tĭeră. — De la profession qu'il exerçait[4].

ĕe tĭeră tĭkĕt. — Même origine que le précédent.

ĕe tĭ dŏĝ. — De *Doeminy*, nom de famille.

ĕe tĭ drăgō. — Plus petit de taille que son frère *ĕe drăgō.*

ĕe tĭ dyă. — Voir *ĕe dyă.*

ĕe tĭ gœ̈. — De ce que, dans son enfance, ses parents lui donnaient toujours ce nom d'amitié : *mĕ ptĭ gœ̈.*

ĕe tĭ grĭ. — Les gamins ne manquent pas de crier derrière lui : *ĕe tĭ grĭ! ĭl ŏ tyĕ ŏ lĭ*[5]*!*

ĕe tĭ kădĕ.

ĕe tĭ kălĕ. — Voir *ĕe kălĕ.*

ĕe tĭ kărō. — De ce que son père était *charron.* Comme il aimait à *ĕlvĕ l' kœd'*[6] de temps à autre (sans compter d'autres petits défauts), on lui avait composé une chanson dont je n'ai pu me procurer que le refrain, que voici :

vĭĕ ĕe tĭ kărō
kĭ n'ă pă kĕr lă gŏte
vĭĕ ĕe tĭ kărō
k'ĭl ŏ kĕr cĕ kŭr kŏtrō[7]*!*

ĕe tĭ kĕ. — Voir *ĕe gră kĕ.*

---

[1] Raide comme un pic. — Roi de pique (au jeu de cartes). — Il y a une sorte de jeu de mots dans ce sobriquet. || [2] Oiseleur *(tendeur).* || [3] *tĭ*, petit : *ĕe tĭ bătĭs*, le petit Baptiste. || [4] *tĭeră*, tisserand. || [5] Il a chié au lit. || [6] Lever le coude, boire. || [7] Vive *ĕe tĭ kărō* — Qui n'a pas cher la goutte ! — Vive *ĕe tĭ kărō* — Qu'il a cher ces (les) courts jupons ! — *cĕ kŭr kŏtrō*, les femmes.

ẻe tí kŏk.

ẻe tí kŏklẻ. — Fils d'*ẻe kŏklẻ.*

ẻe tí lŭi. — Est tout petit et se nomme *Louis.*

ẻe tí mŏl.

ẻe tí mŭt.

ẻe tí păpă.

ẻe tí pàtrŏ. — Neveu d'*ẻe pàtrŏ.*

ẻe tí pŏtyẻ. — De ce qu'il était de petite taille, et avait épousé la fille d'un *potier.*

ẻe tí prẻfẻ. — Fils d'*ẻe prẻfẻ.*

ẻe tí pyẻ. — De ce qu'il a un pied difforme et plus petit que l'autre.

ẻe tí rŏ. — A cause de sa petite taille et de la couleur de ses cheveux.

**ẻe tí sẻrjă.* — Cabaretière *dẽ ẻ' fărbŏ*[1], qui partit un beau jour avec un *sergent* d'infanterie de passage à Saint-Pol.

ẻe tí sẽj. — De ce qu'il a joué un jour le rôle d'un *singe* dans une partie de carnaval.

ẻe tí tẽ (Saint-Michel).

ẻe trŭskẽ. — Était menuisier. Ce sobriquet lui vient de ce qu'il avait continuellement son *trŭskẽ*[2] passé dans le cordon de son tablier.

ẻetyŏl (Ramecourt). — Parce qu'un jour, lorsqu'il était mobile, ses camarades constatèrent qu'il avait *tyẻ* au lit.

ẻe tyŏ.

ẻdlăsŏl[3].

ẻdlăsŏtl.

ẻdnĭbẻrt. — De *Berthe,* nom de famille. Ce sobriquet fut longtemps porté de père en fils. Dans les fêtes révolutionnaires, *zăbẻt ẻdnĭbẻrt* figura comme *dẻẻs* et trôna bien souvent sur la *mŏtẻn*[4].

ẻkărdŏnẻt. — Amateur passionné d'*ẻkărdŏnẻt*[5].

ẻm gẻăp (Herlin-le-Sec).

făe (Bailleul-aux-Cornailles).

fănŏl.

făzẻt (Gauchin-Verloing).

fă.

făfă. — De père en fils depuis longtemps.

fẻrlăkẻ (Bours).

fĭdẻl. — De père en fils depuis plus d'un siècle.

fĭfĭ (Saint-Michel). — Cabaretier de *la Fontaine* (source de la Ternoise). *kătrĭnẻt* y a succédé à sa petite-fille.

fĭl-dẻ-fẻr. — L'homme le plus maigre de Saint-Pol. Surnommé, en 1870, le sergent *Fil-de-fer.*

**fĭl-dẻ-fẻr.* — De ce qu'un soir, pour éviter d'être reconnue, elle s'enfuit précipitamment et s'*ẻepă*[6] dans une clôture en *fil de fer,* qu'elle ne soupçonnait pas, ce qui la fit reconnaître.

---

[1] *ẻe fărbŏ,* le faubourg de Béthune. || [2] Outil servant à tracer la longueur des mortaises, l'épaisseur des tenons, etc. || [3] Ou *dlăsŏl,* selon le cas; de même pour *ẻdlăsŏtl* et *ẻdnĭbẻrt.* || [4] On désignait ainsi à cette époque l'emplacement de l'ancien château-fort des comtes de Saint-Pol, où l'on célébrait les fêtes de la Révolution. — *dẻẻs,* femme qui, à l'époque de ces fêtes, représentait la Raison. || [5] Chardonneret. || [6] S'embarrassa.

**flnô.*

flrôté. — Sobriquet du siècle dernier.

**flyèt* (Pronay, commune de Ramecourt).

fò-kòl. — Voir *kǎ d' pàtàlō à pyèe.*

fràp (Gauchin-Verloing).

fràs. — Ancien sobriquet. C'était le père de *tìtìn fràs.*

**fràswdè-d-tyē* (Gantraine, commune de Saint-Pol). — *sèsyèr*[1] passionnée pour les bêtes; elle avait toujours avec elle une demi-douzaine de *chiens.* — Dite aussi *fràswdè-d-glèn* ou *fràswdè-mè-glèn*[2].

frèr. — De père en fils.

frèr-grèblèy. — Avait, pendant bien longtemps, manifesté l'intention d'être *frère* mariste. — Dit aussi *rā-d'ablò* et *rǎtǎtǎ.*

fèe (Belval, commune de Troisvaux).

frìskè. — Sobriquet porté par trois individus de petite taille. L'un d'eux, *œ mòlè ǒrs*[3], est dit aussi *là tèrǒr* et *e' ràs.* Voir *là tèrǒr.*

**frìskèt.* — Femme de l'un des trois *frìskè.* Sobriquet peu connu.

**frìtèl.*

**fǎzìk.* — Personne très active, vive comme la *poudre,* et marchant toujours comme une *balle*[4].

gàlǎ. — A travaillé, dit-on, chez *Galand,* armurier à Paris. Dit aussi *l'arkèbǎè* et *l'arbàlèt.* — En 1705 : « Jean-François Corne, dit *Galand,* maître cordonnier à Saint-Pol. »

gàrsō.

gàskō. — De père en fils depuis longtemps.

gàyar. — Sobriquet du siècle dernier.

gàzō. — Ancien garde de bois, ainsi surnommé, je crois, parce qu'il portait un *gàzō*[5].

**gàbō* ou *jàbō* (Anvin). — De ce qu'elle a au visage un *ràpòr*[6] affectant la forme d'un *jambon.*

gèrì-tà (Nédonchel). — *mèlsē al pìsàt*[7] d'un certain renom.

**gìzō.*

**gòdìs.*

gòyō.

gègèl. — De ce qu'il a les *bàlǎf*[8] proéminentes. — Un individu de Monts-en-Ternois porte le même sobriquet.

gèl-d-srìj (Herlin-le-Sec).

gèl-d-gòe. — A la bouche contournée à gauche. — Deux individus portent ce sobriquet, et pour le même motif.

gèl-d-rō.

gèl-dz-œ, — Gobeur d'œufs.

**gèl-d'àsyè.* — De ce qu'elle a, dit-on, une fausse denture. — Dite aussi *kǎ d' fèr.*

---

[1] Fermière. || [2] *tyē,* chien; — *glèn,* poule. || [3] Un peu bourru, brutal. || [4] *fǎzìk,* fusil. || [5] Perruque. || [6] Tache ressemblant à un objet quelconque, que les enfants apportent sur eux en naissant. || [7] Guérisseur ou médecin à l'urine, ne prescrivant ses remèdes qu'après l'examen de l'urine des malades. || [8] Ensemble (ou tour) des lèvres.

* *grâmèr tôrtûs* (Wavrans) — Est boiteuse. *s'è l' mèkèn èd mösyè l' kürè*[1]. Voir *mâ klôs*.

* *grât-sèd'*. — Petite vieille toute ratatinée, assise continuellement au coin de son feu, *sè pyè dē sè sèd'*[2].

* *grâd'-sêryân*.

* *grâ-sôrè* (Ramecourt). — Personne grande et *mèğ kôm ü sôrè*[3].

grî-gâzyô. — De ce qu'il avait le teint fort bis. Par l'habitude qu'il avait prise de se débrailler en travaillant, il avait le *gâzyô*[4] constamment à découvert.

* *grîzèt*.

grô-jâ. — De père en fils.

grô-nè. — De père en fils depuis très longtemps.

grôs-tèt. — A cause de sa tête énorme.— Dit aussi *kârâbô* et *tètârkârâbô*.

guèyâr. — Sobriquet du siècle dernier.

jâksè.

jânô.

* *jâbō* — Voir *gâbō*.

jâ-jôli. — De pere en fils depuis très longtemps. Le premier qui porta ce sobriquet se nommait *Jean*.

jèf-gâl. — *jèf*, *Joseph*.

jèjèn. — Porte le prénom d'*Eugène*.

jègèé. — Corruption de *Joseph*.

jèrè.

jè-sèl.— Pour *jâ-sâl*, Jean-Charles.

jôw. — Les *jôw* sont les membres de la famille la plus indigente de Saint-Pol, laquelle demeure dans une *bâyôl*[5] construite par la charité publique, sur un terrain communal, dans la *krâè* du vieux chemin de Pernes. On dit à Saint-Pol : *mîzèrâp kôm sè jôw*[6].

jôkô.

* *jôrjè*.

jôn ôm. — Frère de *pèya*.

kâbîyôn. — En 1709 : « Soyez, dit *Cabillione*. » Même famille que les *kâbîyôn* d'à présent.

kâfwâ.

kâfwè.

kâkâ lèğ. — Etait un peu *bègue*. *Laigle*, nom de famille.

kâkwè.

kâlâmâ. — Sobriquet existant depuis plus d'un siècle dans la même famille.

kâlîbât (Épenchain, commune de Roellecourt).

* *kânâl*. — Ex-cabaretière, veuve de *lôyôw*.

* *kâyôl*. — Avait pour *ôm*[7] un ancien militaire, quelque peu buveur, les jours de fêtes particulièrement. Quand il était *gèy*[8], il avait l'habitude, après avoir *ûmè sè kôlbâk*[9], de dire à sa femme : *âlō, kôlâstik, râs mwâ l' pô d' nwi*[10]. Cela signi-

---

[1] C'est la servante de M. le curé. || [2] Ses pieds dans ces (les) cendres. || [3] Maigre comme un hareng-saur. || [4] Gosier. || [5] Chaumière. || [6] Misérable comme ces (les) *jôw*. || [7] Mari. || [8] *èt gèy*, éprouver un commencement d'ivresse. || [9] Humé son grand verre (d'eau-de-vie). || [10] Allons, Scholastique, rince-moi le pot de nuit.

flait : Verse-moi un second verre d'eau-de-vie, ou, pour employer une phrase populaire bien connue : *ed vdlwè dïr ; dàbèl gàt*[1].

kàpàp̊. — Pour s'en moquer, les gamins lui crient : *kàpàp̊, dbdmï-nàp̊, bonè d'kdtd, tàt d rd*[2] !

kàpïtèn.

kàpdràl sïzdw. — Exerce la profession de tailleur et fut tambour-maître dans la garde nationale de Saint-Pol.

kàrdbd. — Voir *grds-tèt*.

kàràfd. — Ancien soldat trouvant toujours trop petite, dit-on, la capacité des *carafons* d'eau-de-vie qu'il se fait servir.

kàrèm (Herlin-le-Sec).

kàrld. — De père en fils depuis très longtemps.

* *kàràl màsyàs*. — Vieille fille un peu toquée, et toujours vêtue, ficelée *kdm kàt sù*[3]. Elle était continuellement à la recherche de son *kàvè*[4], que ses voisins *mùswèt*[5] quand ils pouvaient le lui prendre, afin d'avoir le plaisir de la faire chercher. — *Massias*, nom de famille.

kàsàd'. — De père en fils.

* *kàs-bàt* (Saint-Michel).

* *kàskèt*. — Son père portait également ce sobriquet.

* *kàtdrèt*. — Corruption de *Thérèse*.

kàtàk. — De père en fils depuis très longtemps.

kàtld.

kàtdw. — Existait déjà en 1780 dans la même famille. Il y a une soixantaine d'années, les *kàtdw* étaient aussi pauvres que les *jdw*, et les habitants du faubourg d'Hesdin disaient, quand ils rencontraient un membre de cette famille :

prïd dyû pàr cè pòvè kàtdw,
kï sd tù nù, à pyè dèkdw[6] !

kàtrïnèt (Saint-Michel). — Cabaretier de *la Fontaine*, dans le bois de Saint-Michel, près de la source de la Ternoise. — Sa femme se nomme Catherine (familièrement *kàtrïnèt*). Il a succédé à la dernière des *fïfï*. Voir ce mot

kàt-sù.

kàvènà.

kàvèyak.

kàbrdn. — Sans doute à cause du *mot* de Cambronne, dont il était de taille à servir souvent. — Sobriquet transmis à son fils.

kàpyd (Monchy-Breton).

kèkèt àmè. — Un *màrï-jèn*, un *nànà*[7]. — *Hamain*, nom de famille.

kènàt. — Sobriquet du siècle dernier.

---

[1] Cela voulait dire : double goutte. || [2] Capable, — abominable, — bonnet de coton, — tout au rond ! || [3] Comme quatre sous, comparaison populaire dont j'ignore l'origine. — *kàràl*, femme mal habillée, vêtue sans aucun goût. || [4] Espèce de chaufferette en terre ou en cuivre. || [5] Cachaient. || [6] Prions Dieu pour ces pauvres *kàtdw*, — qui sont tout nus, à pieds déchaux ! || [7] *màrï-jèn*, celui qui s'occupe des menus travaux du ménage, au lieu et place de sa femme ; — *nànà*, individu minutieux à l'excès.

kè-pètl. — Était bègue et de petite taille. En parlant, il disait sans cesse : *kè, kè, kè, kè.*

kèkè. — *mè kèkè,*, terme d'amitié donné aux enfants.

kèt-kòt.

kèt-pò. — De ce qu'il était, paraît-il, grand buveur de bière[1].

kilòmèt. — Ancien huissier. Parlait continuellement du nombre de *kilomètres* qu'il avait parcourus.

* *klèròt.*

kòòe (Fillièvres).

kòkò. — Surnom de plusieurs individus. Vient sans doute de ce que, dans leur enfance, leurs parents leur appliquaient fréquemment ce terme d'amitié : *mè kòkò, mè ptì kòkò.*

kòkò lòlò, ou simplement *lòlò.* — Voir ce mot.

kòkò mè nènè. — Fils de *mè nènè kàrèt.*

kòlà mètòe. — Fils de *mètòe.* Fut *kàe-mànèy*[2] dans sa jeunesse.

kòlèt. — De père en fils depuis près d'un siècle. — Le premier *kòlèt* fut ainsi surnommé à cause de l'habitude qu'il avait de boire tous les jours, dans la matinée, une quantité raisonnable de *kòlèt èd brèdeè*[3].

kòlè. — Sobriquet du siècle dernier.

kòmàlàd' ou *màlàd'* (Britel, commune de Bryas).

kòtè (Saint-Michel). — De père en fils.

krìèn.

* *kròkèt.* — Petite vieille qui promenait des *croquettes* de pain d'épices. Elle les annonçait en criant d'une petite voix flûtée : *kròkèt! kròkèt!* — Dite aussi *pètìt.*

kà bràlè (Ramecourt). — Individu qui vivait de dénonciations. Un jour il entra dans un cabaret où se trouvaient des contrebandiers qu'il avait dénoncés quelque temps auparavant. Ceux-ci, lui donnant à peine le temps d'entrer, le saisirent et le jetèrent dans le feu, sans autre explication. Il en sortit le derrière brûlé, ou tout au moins *àzì*[4].

* *kà d' fèr.* — Dite aussi *gèl d'àsyè.*

* *kà d'òr.*

kà d' pàtàlò à pyèe. — Dit aussi *e' màrkì d' bùà-mòr, fò-kòl* et *màeèt.* Pâle de visage, faiseur d'embarras et sans fortune. Fut clerc d'avoué et a la prétention d'être un beau.

kà prèsèy.

kàlàe (Diéval).

kàp-jàrè. — De ce qu'étant garde-champêtre, il fit un jour une expédition par monts et par vaux, à la poursuite d'un bœuf qui s'était échappé. Il criait partout qu'il allait, pour l'arrêter dans sa course, lui *couper le jarret* avec son briquet.

---

[1] *pò*, ancienne mesure de capacité, équivalant à deux litres. — Un *tràt-pò*, un *kèt-pò*, un tonneau contenant trente pots, quinze pots. || [2] Valet de meunier. || [3] *kòlèt*, ancienne mesure équivalant à la trente-deuxième partie d'un litre. — *brèdeè*, eau-de-vie. || [4] Roussi, légèrement brûlé.

Inutile d'ajouter qu'il revint bredouille.

kàrkòl. — Dit aussi *kàp-jàrè.*

kàzè.

kàzè kàvèw. — Est *chauve.*

kàzè tròpèt.

làbàf ou *pràvò-làbàf* (Blangy-sur-Ternoise). — Individu d'un appétit formidable, mangeant continuellement, un vrai *làbàf*[1]. — *Prevost*, nom de famille.

* *là bàrdàl.* — Parle en *bàrdàya*[2].

l'àbàtwàr. — Était propriétaire-gérant du cabaret de *l'Abattoir*, au faubourg de Béthune, lequel a encore ces mots pour enseigne : *Où allons-nous? A l'Abattoir.* Au point de vue réaliste, *l'Abattoir* avait alors pas mal de points de ressemblance avec *l'Assommoir* de Zola.

* *là bèl bròc.* — Par antiphrase : elle est difforme et bossue. Dite aussi *lò-dò.*

* *là bèl fàm.* — Très belle personne, fille de *ràjé.*

* *là bèl jàlly.*

* *là bèl òzyèr.* — Fille d'un mannelier[3].

làbèò. — Beaucoup de personnes prononcent *làbèyò.*

* *là bìt.*

* *là bìt bàyæ.* — Vivait vers 1780. — *Bailleul*, nom de famille.

là bìstròt. — Frère de *màl ànt.* Étant gamin, ses camarades lui criaient pour l'agacer :

> *là bìstròtè, là gàyòl,*
> *là tròyèrè dè sè-pòl!*

là bàtìn (Epenchain, commune de Roëllecourt).

là bràèt. — Garçon boulanger ainsi surnommé parce qu'il était chargé d'amener les fagots, de la grange à la boulangerie, au moyen d'une *brouette.*

* *là ènueàt.*

* *là dèlìjàs.* — De ce qu'elle avait l'habitude de mendier à l'arrivée des anciennes diligences. — C'est la mère de *bàrbà.* Voir *mè tyàtyà.*

* *là dràgòn.* — Mère d'*è dràgò.* La sœur de celui-ci porte le même sobriquet.

* *là dàsòr.* — De la *douceur* de sa voix. Personne d'une extrême bonté.

* *là fàm à sòlda.*

làfàyèt. — Dans son enfance, il avait les cheveux très-blonds, presque blancs; et, comme à cette époque (vers 1830), on chantait : *Lafayette en cheveux blancs*, quelqu'un a dit de lui : *c'èt è Lafayette.* D'où ce sobriquet.

* *là fìdèlìtèy.* — Par antiphrase.

làflær.

l'àfrìk.

là frìt (Grossart, commune de Bryas). — Célèbre *pàeàw*[4]. Sobriquet transmis de père en fils, et

[1] Goinfre; — *bàf* ou *bàfrèy*, grande quantité d'aliments prise en un seul repas. || [2] Bredouillant. || [3] *òzyèr*, osier. || [4] Rebouteur.

passé aujourd'hui au gendre du dernier *lă frĭt*, lequel est également appelé : *le pŏedrü*.

* *lă gălŏe*. — Son père était *gălŏeyĕ* (fabricant de bois de *galoches*).

lă gărd'.

lă găyŏl. — Dit aussi *tĭ pyĕr*.

* *lă găyăs*.

lă găzĕt. — De ce qu'il était excessivement avide de connaître et de colporter les nouvelles politiques, surtout celles du parti royaliste : une véritable *gazette*. — Dit aussi *tĭ pĕ frăsĕ*.

* *lă grăd'*.

* *lă grĭt*.

l'ăgŭl (Gouy-en-Ternois). — Un individu de Saint-Pol, qui vivait il y a quarante ans, portait le même sobriquet.

lă jăp. — De ce qu'il avait une *jambe* de bois. — Sobriquet transmis à son fils.

lă jăp ă l'ĕr. — Est boiteux. N'habite plus Saint-Pol.

lă kălŏt. — De ce qu'il porte continuellement une *calotte*.

lăkŏs ou *lăkŏst*.

lă kĕĕt. — Voir *lă pĭt kĕü*.

lă lĭbĕrtĕy. — Sobriquet du siècle dernier.

lălŏ ou *lălŏ gŏdăr*. — Dit aussi *kŏkŏ lălŏ*.

l'ălœmĕt.

lă lŭn. — De *Lune*, nom de famille.

lă mănŏt. — De ce qu'il ne pouvait se servir de l'une de ses mains[1], à cause d'une blessure qu'il y avait reçue pendant les guerres du premier Empire. — Sobriquet transmis à son fils.

lămăyŏ.

l'ămĭ dlĕl. — Etait l'*ami* de tout le monde, particulièrement des buveurs. *Delehelle*, nom de famille.

lă mĭt. — Existait déjà en 1780 dans la même famille.

l'ămăr. — Par abréviation du nom de *Lamourette*. — Les gamins lui criaient pour s'en moquer : *lămăr, lămărĕt! sĕ kă kĭ pĕt!*

lă mzăr. — De père en fils depuis très longtemps.

lă părŭk. — Exerce la profession de *perruquier*.

lă pŏlkă.

* *lă pĭt făm* (Saint-Michel). — Petite fermière chez qui les Saint-Polois d'il y a soixante ans allaient boire du lait et manger des *krăklŏ*[2]. Ce lait leur était apporté dans la *pătăr*[3], sur le bord de la Ternoise, et ils le puisaient à même des *tĕl*[4].

lă pĭt jăkĕt. — Ivrogne incorrigible, que les *găspyŏ* poursuivaient sans cesse de leurs quolibets. Ils lui disaient, par exemple :

> *frăswă lă pĭt jăkĕt,*
> *k'ĭl ŏ mĕjĕ s' brŏkĕt*
> *să pwăvŏ ĕ să vĭnĕg*[5]*!*

ou bien encore :

---

[1] *mănŏt* ou *mĕnŏt*, petite main. || [2] Echaudés. || [3] Prairie. || [4] Terrine à écrémer. || [5] François la petite jaquette, — Qu'il a mangé sa *broquette*, — Sans poivre et sans vinaigre!

frãswȧ lȧ pĕtit jakĕt!
õ l' mẽjrõ sȧ vinĕg[1]*!*

lȧ pĕtit jãp. — Avait une *jambe* beaucoup plus *courte* que l'autre, et se servait d'une béquille pour marcher.

lȧ pĕtit kœ̆ü. — De ce qu'il portait encore une queue, laquelle, l'âge aidant, finit toutefois par disparaître, faute *ĕd kȧvœ̆ü*[2]. On l'appelait aussi *lȧ kœ̆ĕt*[3].

lȧ pũs. — De ce qu'il est d'une très petite taille. Dit aussi *mĭstĭkrĭ.*

lãpyȧ. — De ce qu'il parlait en bredouillant[4].

* *lȧ rĕdrĭy.* — Personne toute petite, mais bien constituée, et surtout bien proportionnée, une véritable *rĕdrĭy*[5].

* *lȧ rĕn* (Saint-Michel).

* *lȧ rĭs.* — Femme d'*ĕ rĭs.* Voir ce mot.

l'ȧrk-ȧ-syĕl. — De ce qu'il voulut un jour expliquer comment se forme l'*arc-en-ciel,* ce que, naturellement, il fit à sa manière.

l'ȧrkĕbũs. — Voir *gȧlȧ.*

lȧ rõs.

* *lȧ rũs.* — Voir *sĕl dĭt rũs.*

lȧ sĕt-fȧmĭl (Le Petit-Saint-Michel, commune de Saint-Michel). — Par antiphrase. Sobriquet par lequel est désignée une famille qui habitait la maison située en face du lieu dit : *La Sainte-Famille.*

lȧ sĭtrȧl. — De ce qu'il avait fait un congé dans les dragons. — Allusion à la coiffure de ces militaires.

lȧ tȧl. — Sobriquet du siècle dernier.

lȧ tĕrĕr ou *ĕ' rũs.* — Individu d'un abord rude, rébarbatif, à la parole brusque, au geste brutal et saccadé : un ours mal léché. Dit aussi *frĭskĕ.* Voir ce mot.

* *lȧ tĕyȧs.* — Dérivé de *tĕyĕ* (Thellier), nom de famille. — Se prononce d'une manière dédaigneuse.

* *lȧ trõyĕr.*

lȧ tœ̆rnũr.

* *lȧ vĭsĕt.* — Vieille femme toujours sale et noire comme une *vĭsĕt*[6] dont on vient de se servir. On dit dans le faubourg de Béthune, où elle demeure : *nwȧr kõm lȧ vĭsĕt.*

lȧ vȯlȯtĕy. — Sobriquet du siècle dernier.

* *lȧ vyĕrj.*

lȧ vyȯlĕt. — Sobriquet du siècle dernier.

l'ȧdȧl. — Existait déjà en 1780 dans la même famille.

l'ãprĕr. — De ce que dans son enfance, dit-on, on lui fit si souvent crier : *Vive l'empereur!* qu'il répétait ces mots continuellement.

lĕ bȧ blœ̆ü.

l'ĕkœ̆mĕt.

lĕ mĕ blȧe. — Est cordonnier; a la prétention de ne jamais avoir les

[1] François la petite jaquette! — Nous la mangerons sans vinaigre! || [2] De cheveux. || [3] Petite queue; — le derrière de la tête. || [4] Voir *lĭdrõyȧ*, note. || [5] Objet de curiosité, de collection. || [6] Plumeau, petit balai, etc., tout ce qui peut servir à housser.

mains poisseuses, comme le commun de ses confrères.

l'èrmit. — D'une enseigne de cabaret : *A l'Ermitage.*

l'èspérâs. — Sobriquet du siècle dernier.

l'èvèqé. — Existait déjà dans la même famille au commencement de ce siècle.

l'ètàp. — De la nature et de la couleur de ses cheveux.

l'èbàlò. — De père en fils depuis près d'un siècle. — Sont tous faiseurs d'*embarras.*

lèlò.

* *l'èpérâtris.* — Marche majestueusement et a des manières *èn ùt ldò*[1] prétentieuses.

lìdròyò. — De ce qu'il prononçait mal la plus grande partie des mots[2]. — Frère de *mèlì mèlà*. Voir *mèlà.*

likèt. — De père en fils depuis très longtemps.

lìlèr. — D'*Hilaire*, par corruption.

lìmòn.

lìtò. — De père en fils depuis très longtemps.

* *lìzà-à-tyò.* — De ce qu'elle fut longtemps servante *àmò*[3] *fràswàt-à-tyò*. Voir ce mot.

lòlòm èlvrèy. — *Levray*, nom de famille.

lòlè.

* *lò-dò.* Voir *là bèl bròt.*

* *lòj-dèn.* — Personne excessivement nonchalante.

lòj-pàt. — A cause d'une hernie très volumineuse dont il était affecté.

* *lònèt.*

lùk-sùk-brè. — De ce qu'on lui disait, par moquerie :

> *bò jòr, lùk.*
> *tò pèr l vè-t-l kòr dù sùk?*
> *nò, l à kàjé d' sètmò :*
> *l vò dù brò*[4] *!*

Son père portait le prénom de *Luc.*

lùt-à-pò. — De père en fils.

lèryò. — De père en fils.

lèt-dìj-ùt. — Était le *dix-huitième* enfant d'une famille, et se nommait *Louis.*

màdàm.

màdèdèl. — De père en fils.

* *màdlèn-brèyà*[5].

* *mà fil.* — De ce qu'elle disait continuellement : *ma fille*, aux personnes (femmes ou filles) à qui elle parlait.

* *màgìt.* — Avait la langue trop bien pendue[6].

* *màgrìt-brèyà.*

* *mà gròs.* — A cause de sa corpulence.

màjìstèr. — Sobriquet du siècle dernier.

màjòr. — De père en fils.

* *màkònèl.*

---

[1] Un tantinet. || [2] Un *lìdròyò*, un *lìmòyò*, un *lìpòyò* ou un *làpyò*, un individu qui parle difficilement, qui prononce mal certaines consonnes, qui bredouille. || [3] Chez, à la maison de. || [4] Bonjour, Luc, — Ton père il vend-il encore du sucre? — Non, il a changé d'odeur : Il vend du *bren!* || [5] *brèyà*, au fém. *brèyàs*, pleurnicheur, grognon. || [6] *màgèt*, chèvre; au fig., femme bavarde.

* *mă kăpŏt* (Saint-Martin-Glise, commune d'Hernicourt. — Était couturière.

măk fŏr. — Grand mangeur[1].

* *mă klŏe*. — Sobriquet sous lequel *grāmĕr tŏrtŏs* est connue à Saint-Pol.

makrō. — De père en fils depuis plus d'un siècle.

makăl, dit aussi parfois *makăyĕt*.

mal ĕflĕy. — De ce qu'il n'était pas tout-à-fait sur le chemin de la fortune, malgré tous les métiers qu'il faisait.

mal ănt. — De ce qu'il a le visage *pikĕ d' văreĕt*[2]. — Frère de *lă bistrŏt*.

mămăp ĕe frĭzŏe (Herlin-le-Sec). — De la nature de ses cheveux.

mălăd'. — Voir *kŏmălăd'*.

* *măl lă vyĕrj* (Nuncq).

marlŏ.

* *mă răs*.

* *mă tĭs sœr*. — Sœur de *mĕti mĕtă*. — De la manière dont cette dernière prononçait ces mots : *ma petite sœur*.

* *mădzĕn*. — Est-ce un dérivé de *mădăs*[3]?

mayœ.

maseĕt. — Voir *kă d' pătălō ă pyĕe*.

mădlĕt (Saint-Martin-Glise, commune d'Hernicourt). — Un individu de Saint-Pol, vivant en 1667, portait aussi ce sobriquet.

* *măfă*.

mĕdăr.

mĕkīyō. — Sobriquet du siècle dernier.

mĕō lă klĕ (Herlin-le-Sec). — *mĕō*, Siméon.

mĕ jŏw. — Était quêteur de chaises à l'église. — Petit homme à figure béate. Avait l'habitude de faire d'énormes signes de croix, et comme la surface de sa poitrine n'était pas assez étendue pour en contenir l'amplitude, ils la dépassaient largement, surtout par le bas. Aussi tous les gamins lui criaient-ils, lorsqu'ils le rencontraient :

ĕy! mĕ jŏw!

ki fĕ : ŏ nō dă pĕr, dăsk'ă sn ăjŏw[4]*!*

mē kŏeĕ. — Sobriquet du siècle dernier.

mē kă.

mē nĕnĕ e' maeō. — Exerçait la profession de maçon.

* *mē nĕnĕ karĕt*. — Mère de *kŏkŏ mē nĕnĕ*. *Carelle*, nom de famille.

mĕn ŏm (Saint-Michel).

* *mĕtă* ou *mĕti mĕtă*. — Sœur de *lidrōyă* et de *mă tĭs sœr*. Dite aussi *mĕti lidrōyă*; comme son frère, elle parlait avec quelque difficulté. Voir *lidrōyă*.

mĕtĕw (Rosemont, commune de Saint-Pol). — De père en fils.

---

[1] *makĕ*, manger. || [2] Marqué de la petite vérole. || [3] Truie; terme injurieux adressé parfois aux femmes. || [4] Eh! *mĕ jŏw!* — Qui fait : *au nom du père*, jusqu'à son *ăjŏw*. — *ăjŏw*, terme libre, membre viril (au propre : oiseau).

' *mə̃ tyə̃tyə̃* ou *nə̃pə̃tyə̃*. — De ce qu'elle parlait en bredouillant et quelque peu *gə̃gə̃*[1]. Dite aussi *lə dəljə̃s*. Voir ce mot.

mɪ́ɛlə̀t. — De *Michelle*, nom de sa mère. Dit aussi *bɪ́nɛ̀t*.

mɪ́lə̃ (Calimont, commune de Saint-Pol). — D'une enseigne de cabaret : *A l'entrée des Français à Milan*. Ce cabaret fut bâti en 1859, au moment de la guerre d'Italie.

mɪ́lɪ́tɛ̀r (Œuf-en-Ternois).

mɪ́məl (Frévin-Capelle).

mɪ́nɛ̀t. — Sobriquet de la fin du siècle dernier.

mɪ́rəbə̀w. — Sobriquet porté par l'un des plus fameux sans-culottes saint-polois, lequel avait la prétention d'être un orateur.

mɪ́stɪ́krɪ. — Individu de petite taille, maigre et fluet. Dit aussi *lə pə̀s*.

mɪ́zɛ̀r. — De ce que dans son enfance il n'était qu'un tout petit *mɪ́zɛ̀r*[2].

mə̃lɪ́nə̃.

mə̀r-nə̀y.

məyə̀w.

mə̃ sə̃tə̀w. — Voir *yəyə*.

mə̃ ɛ̀r. — De ce que, dans le cours de ses conversations, il appelait continuellement son interlocuteur : *Mon cher*.

mə̃ gə̃. — De ce que, dans son enfance, un de ses voisins, *tə̃mɪ́jə̀*[3] de son état et d'origine normande, l'appelait toujours : *mə̃ gə̃*[4].

mə̃n ə̃mɪ. — De ce que sa femme, en lui adressant la parole, l'appelle toujours : *Alexis mon ami*.

mə̃n ə̃j. — Porte le prénom d'*Ange*.

mə̃ bləg. — Etait un *blagueur* de première force.

mə̃ blə̃ (Bailleul-aux-Cornailles). — Se nomme *Blondel*.

mə̃ nɛ́. — Existait déjà en 1780 dans la même famille, dont la plupart des membres sont gratifiés d'un *nez* énorme.

mə̃n ɛ́məp. — *Aimable*, prénom.

mə̃n ə̃k. — Un bonasse, que tout le monde appelait : *mon oncle*.

mə̃n ə̃k də̃də̃.

məyə̀. — De ce qu'il exerçait la profession de *tɥə̀ d' məyə̀*[5].

mə̃ pɛ̀t.

mə̃ sə̀r. — Est un peu sourd.

mə̃t ə̃ ɛrɪ́j (Herlin-le-Sec).

mə̃t ə kə̀r.

mə̃t ə prə̃n.

mə̃t ə̃ tyə̃ (Herlin-le-Sec). — De ce qu'étant tout jeune, il disait souvent, dans son langage enfantin : *mɪ, və̃ mə̃tɛ́ ə̃ tyə̃*[6].

mə̃tə̀r. — Sobriquet du siècle dernier.

' *mə̃lə̃*.

mə̃ɛ.

mə̃lɪ́t.

---

[1] Parler *gə̃gə̃*, parler à la manière des enfants, en prononçant mal certaines consonnes, etc. || [2] Enfant tout petit, malingre et chétif. Se dit aussi des animaux et des choses inanimées. || [3] Fabricant de tamis. || [4] Mon gars. || [5] Tueur de brebis vieilles et maigres (métier disparu). || [6] Moi, je veux monter à char (*tyə̃* pour *kə̀r*).

mȧstȧfȧ.

mȧstȧe. — Par corruption de son prénom d'*Eustache.*

mȧswȧl[1] (Ramecourt).

mȧtǫ. — A cause de l'épaisse toison qui lui tient lieu de chevelure.

mȧzȩ̄.

n·ȧbl.

nȧryȧ. — De l'habitude qu'il avait de répondre : *n'ȧ ryȧ*[2], à n'importe quelle observation qu'on pouvait lui faire.

nȧvyǭe. — De ce que, dans sa jeunesse, ses parents l'envoyaient vendre des *navets*, qu'il offrait de maison en maison, en demandant s'il fallait des *nȧvyǭe*[3]. Il disait *nȧvǭe* quand il avait l'intention de mieux parler.

nȧzȩl. — De ce que, dans son enfance, il avait continuellement *dȩl nȧzȩl*[4], autrement dit des *kȧdlyȩt ȧ sȩ nȩ*[5].

nȩnȩ. — Vient sans doute de *nȩnȩ*, terme d'amitié donné aux enfants.

* *nȩnȩ bȧdȧ.* — Fille de *bȧdȧ*. Voir ce mot.

* *nȩpȧtyȧ.* — Voir *mȩ tyȧtyȧ.*

nȩt.

nfkȩ.

nǭe. — De père en fils depuis longtemps.

nǫnǫ.

nǫtȩr. — Sobriquet de la fin du siècle dernier.

nȧfwȩ. — De ce qu'ayant été élevé à la campagne, il se servait fréquemment de la négation *nȧ fwȩ*, qui n'est pas usitée à Saint-Pol.

nȧlȩ (Ramecourt). — Jehan Duhaultoy, dit *Nouillet.* » (1585).

* *nwȧrȩt* (Moncheaux).

* *nwȧr-pȧkȩt* (Ramecourt). — *sȩ nwȧr-pȧkȩt* avaient la réputation d'être *sǫrsȩl*[6].

ųǫųǭe. — Voir *tȩt ȧd mǫųǭe.*

* *ųǫųǫl.*

ųǫųǫ. — Dit aussi *mǫ sȧtǭe.* Lorsqu'il était gamin, ses camarades lui disaient, pour l'agacer : *ųǫųǫ pȧrt, k'il ǫ vȧdȧ sȩ kȧtyȩ pȧr ȩn plȧt d'ǫųǫ*[7] !

pȧkǫlȩ.

pȧpȧ-bȩlǫ.

pȧpȧ-bȧbȧ. — Se nommait *Bouchez.*

pȧpȧr (Ramecourt). — De père en fils.

* *pȧplyǫt.*

pȧrȧ. — Père de *pȧkǫlȩ.*

pȧrts (Saint-Michel).

pȧrǫ.

pȧtȧkȧ. — Par corruption de *Bacot*, nom de famille.

pȧtȧlǫ.

pȧt-d'ȧnȩt. — Par suite d'un défaut du bras ou du poignet, il a toujours les doigts de la main droite à demi fermés, ce qui le force à tenir cette main d'une manière rappelant vaguement l'attitude que prend la

---

[1] *mȧswȧl*, belette. ‖ [2] Il n'y a rien, ce n'est rien. ‖ [3] Navets. ‖ [4] *nȧzȩl*, morve. ‖ [5] Des *chandelettes* à son nez (avait le nez morveux). ‖ [6] Sorcières. ‖ [7] *ųǫųǫ* pourri, qu'il a vendu son château pour une pelure d'oignon !

patte d'un oiseau, — *ànèt*[1] ou autre, — quand cet oiseau la tient levée. — Porte aussi le surnom d'*èe bà-rèë*, dont il est le fils.

pàtòw.

pàtyàr. — Existait déjà en 1780 dans la même famille.

pàyàsò. — Fut fabricant et marchand de *paillassons*.

pàyèl. — Voir *blnòl*.

pàe èl tèreb. — De ce qu'elle avait simulé une grossesse au moyen d'une sorte de sac rempli de *tèreb*[2], afin de forcer un jeune homme à l'épouser.

pàelò. — De ce qu'il avait une grosse *pàe*[3].

pàpàe. — Petit homme *ventripotent*.

pèkàtà.

pèkòw.

pèrlàk (Bours). — Est *rèpìsyè*[4].

pèròn.

pèràs. — Un individu d'une autre famille portait le même surnom en 1780.

pètl. — Sobriquet de la fin du siècle dernier.

pèt kàrèy.

pètit. — A cause de sa petite taille. Dite aussi *kròkèt*. Voir ce mot. — Pour la faire pester, les gamins lui criaient, en imitant sa manière de parler : *pètit! kròkèt! kròkèt! pètit!*

pèt-vòlèr. — Célèbre filou vivant à l'époque de la Restauration. En s'évadant un jour de la vieille prison de Saint-Pol, il écrivit ces mots sur la porte : Chambre à louer ou à brûler. Plus tard, il rédigea une relation de ses aventures, qu'il colporta lui-même, dit-on, de marché en marché.

pètyò.

pèyò. — Frère de *jòn òm*.

pèsòrèl. — De père en fils depuis peut-être un siècle[5]. — On voyait, tous les matins, le grand-père du *pèsòrèl* actuellement vivant promener des pommes cuites. Il fut aussi marchand de fromages *màròl*[6], et les annonçait en criant dans la rue : *dà frèmàj pìkà! kà, kà, kà, kà, kà, kà!* — Ce *pèsòrèl* portait aussi le surnom de *pèsò*.

pèsò. — Voir *pèsòrèl*.

pìs-kàt-gàt. — On lui disait, pour s'en moquer :

pìs truè gàt,
èl kàtrèm èt à ràt[7]*!*

pìsò-bèrkè. — Était adroit et ingénieux. On dit, dans les faubourgs, d'un homme adroit : *s'èt œ vrè pìsò, ì sòruè s' débàt dè l'yòw*[8]. — *Berquin*, nom de famille.

pìè. — De père en fils.

pìgò.

pìkàr. — De père en fils. Existait

[1] Cane. || [2] Son. || [3] Panse, ventre. || [4] *rèpìsyè*, celui qui a le pouvoir de donner le *répit*, dans les cas de rage. || [5] *pès-òrèl*, pince-oreille. || [6] De Maroilles. || [7] Pisse trois gouttes, — la quatrième est en route. || [8] C'est un vrai poisson, il saurait se débattre dans l'eau.

déjà dans la même famille à la fin du siècle dernier.

'*pīkārd'*. — « Jacqueline Parment, dite *Picarde* » (1675).

pīkẽ ou *alẽksī pīkẽ*. — Etait fort *pīkẽ d' vẽrœl*[1]. Ce sobriquet est passé à ses descendants.

'*pīkẽ dẽ pūs*. — De ce qu'étant jeune elle avait une quantité incroyable de *pūs*[2]. — Dite aussi *sīyūs*.

pīkōtāə (La Thieuloye).

pīnẽt.

pīt.

pītœrœ (Le Petit-Gauchin, commune de Gauchin-Verloing).

plāgẽt.

plō-d' bō. — De ce qu'il marchait tout *plōplō*[3]. — Son fils porte également ce sobriquet. Voir *ẽs ruẽ d' mārōk*.

plūā (Diéval).

pōcẽ.

pōl krōt.

pōl-pātyō. — Sobriquet du siècle dernier. Les *gāspyō*[4] des faubourgs, pour agacer les individus qui portent le prénom de Paul, leur crient :

> *pōl pātyō,*
> *tābūr ā sẽ dō,*
> *trōpẽt ā sẽ kū,*
> *tūrlūtūtū*[5]*!*

pōyẽ.

pōyō.

pōyōt-brākār. — *Branquart*, nom de famille.

pōpō.

pẽt.

prẽt-ā-kẽr. — De ce qu'il marchait courbé, en portant les bras un peu en avant. Il avait l'air de chercher à se retenir, comme s'il était sur le point de *kẽr*[6].

prīzār.

ptī-fū (Monchy-Breton).

ptī-jẽzū.

pūcẽt.

pūlō. — Trois individus de Saint-Pol portaient ce sobriquet. Il leur venait de ce que, dans leur enfance, leurs parents les appelaient : *mẽ ptī pūlō*[7].

pūrōœ.

pyẽlō (Gauchin-Verloing).

pyẽr-ō-lār.

pyẽrō-lā vyẽrj.

pyẽrōtẽ. — Sobriquet transmis à ses deux fils, dont l'un, *pōtīt pyẽrōtẽ*, était un amateur outré de farces carnavalesques, affectionnant surtout les rôles à *ẽklẽsār*[8]. C'est lui qui, un jour de mardi-gras, dans une scène bien connue de tout Saint-Pol, *ākūẽtā*[9] Charles Major *d'ẽk ẽ kārtō āl zyẽp ā mītā plẽ d' brẽ*[10].

rā-blā.

rābālẽ (Ramecourt). — Sobriquet que portait un habitant de ce village en 1585, et qui a dû être porté

[1] Marqué de la petite vérole. || [2] Puces. || [3] Lentement et pesamment. || [4] Gamin, gavroche. || [5] Paul *Patio*, — Tambour à son dos, — Trompette à son cul, — *Turlututu!* || [6] Tomber. || [7] *pūlō*, terme d'amitié. || [8] Eclaboussures. || [9] Coiffa, couvrit complètement. || [10] Avec un *quartaut* au savon (mou) à moitié plein de *bren*.

par la plupart de ses descendants, car quelques vieillards croient se rappeler avoir entendu parler de ce surnom dans leur jeunesse.

ràkàkà (Hautecôte?). — Mendiant simple d'esprit, presque idiot. Il chante messe et vêpres à sa manière devant les personnes qui lui donnent un sou, et leur débite par dessus le marché un petit sermon sans queue ni tête, qu'il termine en criant d'une voix de tonnerre : *àà! ɛɛ ɛ̃fɑ̃, ɛ bõ dyœ̃ d' sɛ-pô, ɛ̃ ɛ bõ dyu d' nɑ̃ vilàj, ɛ̃ ɛ l' mɛ̂m bõ dyœ̃! vɛ̃nl kɾɛàtòr lɔ̀dàmùs*[1]!

ràmólbɛ̀. — Existait déjà en 1780 dans la même famille.

ràmyɛ̂. — De ce qu'il est né dans la forêt de Saint-Pol, sur un *ràmyɛ̂*[2]. Sa mère, pauvre femme qui chaque jour allait y ramasser du bois mort, le mit au monde en allant faire une bourrée de *bràɛlyɛ̀t*[3], et le rapporta chez elle immédiatement après son accouchement.

ràspàl. — Sans doute à cause de ses opinions politiques.

ràpònɔ̀. — Ancien garçon brasseur. A une bonne grosse figure réjouie, comme celle que l'on prête au célèbre *Ramponneau*.

' *rɛ̀n-rózɛ̀t* ou *rózɛ̀t*. — Ivrognesse incorrigible qui tomba à l'eau en allant un jour nettoyer du poisson au bord de la rivière. On lui chanta, après ce bain forcé :

rɛ̀n-rózɛt, ɛ̃ lɑ̃vɑ̃ sɛ̃ pisõ,
rɛ̀n-rózɛ̀t, ɛl à kàlɛ̀ ɔ̃ fõ[4]!

rɛ̀gòràs ou *rɛ̀gòràs.*

rɛ̀vlyɔ̃. — « Antoine Helle, dit *Renvillon*, concierge et sergeant d'arrest de ceste ville » (1690). Une famille de ce nom existe à Roëllecourt.

rɛ̀ɛ-ɑ̃-pàròl. — Est vantard et faiseur d'embarras. A l'entendre, il a pouvoir sans bornes et de l'*àkɑ̃*[5] partout.

' *róbɛ̀y.*

róbɛ̀sõ.

róɛ̀t. — Est petit de taille : une vraie *róɛ*[6], une petite *róɛ̀t*[7]. — Son père n'était pas plus grand que lui, et portait le même sobriquet.

róɛjòr. — A cause de ses opinions politiques.

rógɛ̂ (Roëllecourt).

rókɛ̂.

rókɔ̃. — Parce qu'il fut *rókɔ̃*[8].

rómàrɔ̃. — De père en fils depuis très longtemps.

rópyɛ̂pyɔ̃.

---

[1] Ah! ces (les) enfants, ce (le) bon Dieu de Saint-Pol, et ce (le) bon Dieu de notre village, c'est le même bon Dieu! Veni creator laudamus! || [2] Tas de taillis coupé. || [3] Menu bois, brindilles ramassées un peu partout. || [4] Reine Rosette, en lavant son poisson. — Reine Rosette, elle a coulé au fond. || [5] Avoir de l'*àkɑ̃* chez une personne, s'y faire écouter, être familier avec elle, s'imposer même au point de gêner. || [6] Une *róɛ*, se dit d'un enfant petit, faible, chétif. || [7] *róɛ̀t*, petite *róɛ*. || [8] Bedeau de la confrérie de *Saint-Roch*.

* *rǒzèt.* — Voir *rěn-rǒzèt.*

* *rǒz gdrě.* — Sobriquet du siècle dernier.

rǒzyǒœ. — A cause de l'idée qu'il avait eue, en apprenant à nager, de s'attacher autour du corps un paquet de *rǒzyǒœ*[1] pour mieux se soutenir sur l'eau.

rětětě. — De sa manière de parler. Lorsqu'il était tout jeune, ses camarades, pour l'agacer, lui répétaient ces mots : *rětětě! kdt sǎ: œ!*

rǎjě. — Parce qu'il était très rouge de figure. Ses descendants conservent ce sobriquet.

rǎj-ě mdrǒn (Bailleul-aux-Cornailles). — Appelé parfois *pdtdlǒ rǎj*[2].

rǎj-ně. — Sobriquet de 1697.

rǎpyǎ.

sdbln. — Du prénom de sa mère. Il passait pour avoir vendu son âme au diable. Par un beau jour, il tenta de se suicider en se coupant la gorge avec un rasoir, mais il ne se fit qu'une entaille peu profonde; il arrêta quand il se sentit piqué : *sǎ fějwě trǒ d' mǒ*[3], disait-il.

sdkě. — De ce qu'étant tout jeune, il était toujours si mal *dfistǒlěy*[4], que ses camarades l'appelèrent *grǒ sǎk* (gros sac), d'où *sdkě.* — Sobriquet transmis à ses enfants.

sdmyě ǎbǎrk. — Avait longtemps servi dans la marine, vers le commencement de ce siècle. Lorsqu'il tenait une conversation avec n'importe qui, il disait sans cesse : *Du temps de mon embarquement...* Et cela arrivait surtout lorsqu'il avait bu quelque peu. — *Samier*, nom de famille.

sǎ-dis. — De ce qu'il prit le numéro 110 au tirage au sort.

sǎ-dǒrmlr. — De la réputation qu'il avait de passer la plupart de ses nuits à marauder.

sǎglě. — De ce qu'il était fort grossier et avait l'habitude de traiter de *sanglier* tous ceux qu'il rencontrait ou dont il parlait.

sǎ-kdt. — De ce qu'il prit le numéro 104 au tirage au sort.

sǎ-pdrěl.

sě-ldœ. — Sobriquet du siècle dernier.

sěth.

sět-ǎběr.

slyt. — De père en fils depuis plus d'un siècle. Les *slyt* furent très longtemps bouchers; peut-être leur sobriquet vient-il de là *(slyě,* saigner).

* *slyǒs.* — Fille du dernier *slyt;* dite aussi *pǐkě dě pǐe.*

slz-ǒrtǒœ. — De ce qu'il a *six doigts* à chaque pied[5]. — Dit aussi *brdv ǒm.*

* *sǒsǒr*[6].

slě dǎs. — Dit aussi *ě' dǎs.*

sǎ d' kǒœ. — Parce qu'il *suait* con-

---

[1] Roseaux. || [2] Pantalon rouge; — *rǎj-ě mdrǒn*, rouges culottes. || [3] Cela faisait trop de mal. || [4] Arrangé, ajusté. || [5] *ǒrtǒœ*, doigt du pied. || [6] *sǒsǒr*, sœur, terme enfantin.

tinuellement, même sous le plus petit effort.

* *sãzö.*

sãpö.

sãrt.

tãbã-lãkõs.

'*tãmdyö.* — Un *tãmdyö*[1], ou plus énergiquement : *œ grö mõ d' brẽ*[2].

tãp-ã-l'œl. — Dit aussi *tãp-õ-kõ.* Etait borgne et courait les *pẽc-kõ*[3].

tãbür.

* *tẽ dẽõm.* — Sobriquet du siècle dernier.

tèt ẽd möyöw. — De ce qu'il avait la tête très petite. Dit aussi *yöyöw.*

tẽp-d-jãk. — Cabaretier qui avait l'habitude de *s' mẽt ã jãk tẽp*[4]. Ses habitués le faisaient bien souvent lever avant l'heure de la retraite.

tètẽ. — Cabaretier à l'enseigne du *Sauvage;* il se nommait *Augustin.* Après sa mort, l'estaminet fut géré par son fils, que l'on continua d'appeler *tètẽ.*

tĩ bĩt ou *s'bĩt* (Beaufort). — Individu *õ mölẽ sösö*[5], prenant trop au sérieux les plaisanteries dont il est l'objet. Ainsi, par exemple, lui criet-on : *t-a n'õ pwẽs*[6]*!* (allusion à son surnom) voilà *tĩ bĩt* on ne peut plus désolé et sur le point de croire comme à l'Evangile à ce qu'on vient de lui dire.

tĩ fĩlõ. — De père en fils depuis près d'un siècle. Dit aussi *tĩ kõlã.*

* *tĩ grĩ.*

tĩ jãk. — Est petit et porte le prénom de *Jacques.*

tĩ kõ.

tĩ kõlã. — Etait *petit* et se nommait *Nicolas.* Sobriquet transmis à ses descendants. Voir *tĩ fĩlõ.*

* *tĩ lãw.* — Femme méchante et acariâtre.

tĩ pãpã.

tĩ pẽ frãsẽ. — Etait boulanger. Voir *lã gãzẽt.*

tĩ pẽt.

tĩ prẽt. — Par corruption du nom de *Joëts,* qui se prononce *jẽt.* — *tĩ prẽt* = petit Joëts.

tĩ pyẽr. — Dit aussi *lã gãyõl.*

tĩ tã. — De ce qu'il était petit et fort gros, un petit *tas* (de chair et d'os). Dit aussi *s' rts.*

tĩt bãrp (Gauchin-Verloing). — Cabaretier, frère des *bãrbẽt.* Leur mère, fort petite de taille, se nommait *Barbe.*

* *tĩtĩ.*

* *tĩtĩn frãs.* — Sage-femme décédée vers 1882, à l'âge de quatre-vingt-huit ans. Fille de *frãs.* — Elle présida à la naissance d'une bonne partie des habitants de Saint-Pol. Crie-t-on : Vive la France? Vite, en son honneur, on s'empresse de répéter :

vĩö lã frãs!
kãtrẽn ẽ tĩtĩn frãs[7]*!*

---

[1] Personne mollasse, sans aucune énergie, sans aucun goût. || [2] Un gros *mont* de *bren.* || [3] Bals de la dernière catégorie, où règne une licence complète. || [4] Se coucher de bonne heure. || [5] Un peu simple. || [6] Il n'en a pas. || [7] Vive la France! Cantraine et *Titine France!*

* *tĕ trâ*. — Sœur de *lă rie*.

tŏbt ou *tobt*.

tŏflĕ.

* *tŏnŏ*.

* *tŏrkĕt* (Monchy-Breton).

* *tŏtĕ*. — Mère de *kăzĕ*.

tŏyă. — Un vieux *kăe-mănœ*[1] du moulin d'Hernicourt portait aussi ce sobriquet.

tŏm pŏs. — Petit de taille.

tŏyŏœ. — Cabaretier à l'enseigne du *Postillon*. De très forte corpulence, il avait *ĕn păe kŏm œ tŏyŏœ*[2].

tŏtŏ.

* *trănĕt*. — D'un tremblement nerveux dont elle était affectée[3]. — Un individu décédé il y a plus de cinquante ans, portait également ce sobriquet, et pour la même raison (*trănĕt ĕtlăplăs*. — *Delaplace*).

tĕt-nœf (Marquay).

trŏtrŏ.

tărtăr. — De père en fils.

tărtărĕt (Bailleul-aux-Cornailles).

tătăs.

tyăr-ĕ-brĕzĕt. — De ce que, dit-on, ne possédant pas de *tŏnă*[4], quoique habitant le centre de la ville, il avait pris l'habitude de faire ses nécessités sur un *mŏ d' sĕd' ĕ byĕ d' brĕzĕt*[5].

tyĕ-sĕ. — D'une constatation faite un jour par un de ses camarades : *il ĕ tyĕ sĕ*[6].

tyŏtyŏ.

vătrĕsĕk. — De *Vanherzecke*, nom de famille, par corruption.

vĕrdĕ. — Maraudeur aimant surtout les *vĕrdĕ*[7]. — Dit aussi *bădŏœ*.

vĕr-sĭflĕ.

vĕrzyă.

vĕ (Ramecourt). — « Robert Waast, dict Vin » (1585).

wărt. — De père en fils depuis plus d'un siècle.

wărnĕk. — De père en fils depuis longtemps.

wĕl (Bryas).

wĕwĕl. — Dans son jeune âge, il prononçait ainsi son nom de *Louis*. — Sobriquet transmis à ses descendants.

yĕyĕ.

yŏ (Fillièvres)

yŏyŏ.

* *zăbĕt ă-kŏœ*. — Elle faisait des pâtés avec les tronçons de *queues* et les *kăkăe*[1] que son mari, ouvrier tanneur, rapportait souvent à la maison.

* *zăbĕt-kărt-ĕ-păt*. — Parce qu'elle a de toutes petites jambes.

* *zăbĕt-ĕ-brĕ*.

zăkŏœ. — Fils de *zăbĕt-ă-kŏœ*. — Dit aussi *ăkŏœ*. — Par corruption du sobriquet de sa mère.

zĕzĕ.

* *zĭzĭ*, ou *zĭzĭ lĕ bŏz yĕ*.

zŏzŏ.

zăzăt.

zyĕp. — Voir *bĭnŏt*.

* *zyĕ-d' ĕă*.

[1] Valet de meunier. ‖ [2] Un ventre comme un tonneau. ‖ [3] *trănĕ*, trembler. ‖ [4] Tonneau ou baquet tenant lieu de fosse d'aisance. ‖ [5] Tas de cendres ou bien de *braisettes*. ‖ [6] Il a chié sec. ‖ [7] Sorte de pomme. ‖ [8] Partie du crâne d'un bœuf tenant aux cornes, autour de laquelle est restée un peu de chair et de tendons.

ɫe bò brûlé (Saint-Pol). — Le Bois Brûlé. Un violent incendie dévasta ce canton des bois de Saint-Pol, en 1713.

ɫe bò cârl (Séricourt). — Le Bois Charles.

ɫe bò d' bwârè (Ostreville). — Le Bois de Boirin.

ɫe bò d' eɫ mòtân (Ramecourt). — *Le Bois des Montagnes.*

ɫe bò d' eɫ mwân (Beauvois). — Le Bois des Moines.

ɫe bò d' ɫe kâtyôw (Ramecourt). — Le Bois du Château.

ɫe bò dè dâm (Flers). — Le Bois des Dames.

ɫe bò dè gèrgɫyè (Valhuon). — Le Bois des Guinguignez.

ɫe bò d' èklèryôw (Hernicourt). — Le Bois d'Eclaireaux.

ɫe bò d' ɫl fâlèk (Roëllecourt). — Le Bois de la Falecque. Défriché.

ɫe bò d' ɫl kârnwât (Ligny-Saint-Flochel). — Le Bois de la Carnoye. Le charme (*kârn*) y dominait autrefois, dit-on.

ɫe bò d' ɫl kèw (Humières). — Le Bois de la Queue.

ɫe bò dèlkûr (Œuf-en-Ternois). — Le Bois Delcourt.

ɫe bò d' ɫl lîhw (Diéval). — Le Bois de la Lihue.

ɫe bò dè lûsyèl (Lenzeux). — Le Bois des Lucielles.

ɫe bò d' ɫl mâlâdrîy (Torcy). — Le Bois de la Maladrerie. Appartient au bureau de bienfaisance de cette commune, de même que le champ appelé : *ɫl mâlâdrîy*.

ɫe bò d' ɫl vîl (Saint-Pol). — Le Bois de la Ville. A la ville de Saint-Pol.

ɫe bò d' ɫl wârèn (Nuncq). — Le Bois de la Garenne.

ɫe bò d' èpèlôdèl (Bryas). — Le Bois d'Epilourderie.

ɫe bò d' èpènè (Epenchain, C^ne^ de Roëllecourt). — Le Bois d'Epenchain.

ɫe bò dèvôw (Mont-en-Ternois). — Le Bois Deveaux. Défriché.

ɫe bò d' èfèr (Chelers). — Le Bois d'Enfer.

ɫe bò d' flyèv (Nuncq). — Le Bois de Fillièvres.

ɫe bò d' gòèè (Gauchin-Verloing). — Le Bois de Gauchin.

ɫe bò d' kâlîmò (Calimont, commune de Saint-Pol). — Le Bois de Calimont. Défriché. Voir *eɫ tèr nâv*.

ɫe bò d' kâpèl (Bryas). — Le Bois de la Chapelle.

ɫe bò d' kôw (Troisvaux). — Le Bois de Caux.

ɫe bò d' lâsû (Monts-en-Ternois). — Le Bois de Lassus. Défriché.

ɫe bò dlât (Saint-Pol). — Le Bois Delattre. Partie du Bois de la Ville.

ɫe bò d' l' èprò (Bryas). — Le Bois de l'Eperon.

ɫe bò d' lâ tètûs ou *tètûs* (Gauchin-Verloing). — Le Bois de la Tétuse[1].

---

[1] *tètûs* est le féminin patois de *tètu*. Peut-être le nom de ce bois est-il dû à une légende oubliée depuis longtemps.

łe bŏ d' łiyi (Ligny-Saint-Flochel). — Le Bois de Ligny.

łe bŏ d' lōg ătăt (Prédefin). — Le Bois de Longue Attente.

łe bŏ d' mŏplēzi (Séricourt). — Le Bois de Montplaisir.

łe bŏ d' prŏnaè (Pronay, commune de Ramecourt).—Le Bois de Pronay.

łe bŏ d' rŏbèrvŏ (Averdoingt). — Les Robertvaux. Bois. Voir *el rŏbèrvŏ*.

łe bŏ d' rwălkūr (Roëllecourt). — Le Bois de Roëllecourt. Défriché.

łe bŏ d' săi (Sains, commune de Hautecloque). — Le Bois de Sains. — A Œuf-en-Ternois : Le Bois de Saint.

łe bŏ d' sĕ-flāyē (Sibiville). — Le Bois de Saint-Flayer.

łe bŏ d' sĕ-lād (Ramecourt). — Le Bois de Saint-Ladre. Défriché; il dépend de la ferme de ce nom, appartenant à l'hospice de Saint-Pol.

łe bŏ d' sĕ-mĭcĕ (Saint-Michel). — Le Bois de Saint-Michel.

łe bŏ dă bārlē (Bailleul-aux-Cornailles). — Le Bois du Barlet. Ce bois, aujourd'hui défriché, était autrefois très redouté des voyageurs; sa réputation égalait celle de la forêt de Bondy.

łe bŏ d' ŭbēyŭ (Ramecourt). — Le Bois d'Huberlieu ou de Bélieul.

łe bŏ dă flāyē (Herlincourt). — Le Bois du Flayel. La partie du terroir de Croisette *lĭstă*[1] ce bois est également appelée : *e' bŏ dă flāyē*.

łe bŏ dă kĕnwaè (Ramecourt). — Le Bois du Quesnoy. Défriché en majeure partie.

łe bŏ dă păti (Saint-Michel). — *Le Bois du Pâtis.*

łe bŏ dă rwĕy (Saint-Pol). — Le Bois du Roi. Partie défrichée du Bois de la Ville.

łe bŏ făbē (Pierremont). — Le Bois Fabé.

łe bŏ flămă (Gauchin-Verloing). — *Le Bois Flament.*

łe bŏ frĕsĕ (Ramecourt). — Le Bois Fressin.

łe bŏ frŭkwē (Humières). — Le Bois Frucquois.

łe bŏ glŏ bŏnē (Bryas). — Le Bois Gros Bonnet.

łe bŏ kăpēdă (Croix). — Le Bois Capendu. Défriché.

łe bŏ kălăi (Bryas). — Le Bois Carré.

łe bŏ kălŏw (Gauchin-Verloing). — Le Bois Carreau.

łe bŏkē (Saint-Pol). — Le Bosquet. Partie du Bois de la Ville défrichée depuis très longtemps. — Même lieu dit à Saint-Michel.

łe bŏkē bŏdăi (Valhuon; — Bours). — Le Bosquet Baudin.

łe bŏkē bĕjē (Hestrus). — Le Bosquet Beugin.

łe bŏkē jăk (Œuf-en-Ternois). — Le Bosquet Jacques.

łe bŏkē zŏzŏ (Herles-Monchel). — Le Bosquet Zozo.

---

[1] Bordant, tenant à.

ł̇e bò kǒdbyèr (Flers). — La Caudebière.
ł̇e bò kǒdrò (Blangermont). — Le Bois Caudron.
ł̇e bò kůlò (Flers). — Le Bois Coulon.
ł̇e bò lmwǎn (Œuf-en-Ternois). — Le Bois Lemoine.
ł̇e bò mǎdǎm (Nuncq). — Le Bois Madame.
ł̇e bò mǎlkòtě (Roëllecourt). — Le Bois Malcontent. Défriché.
ł̇e bò mǎrǎl (Belval, commune de Troisvaux). — Le Bois Marœuil.
ł̇e bò pǎļǎr (Pierremont). — Le Bois Paillart.
ł̇e bò pědů (Blangermont). — Le Bois Pendu.
ł̇e bò ròbèr (Œuf-en-Ternois). — Le Bois Robert.
ł̇e bò rǔtyě (Saint-Pol). — Le Bois Routier. Partie du Bois de la Ville.
ł̇e bò tůrnǐ (Saint-Pol; — Saint-Michel). — Le Bois Tourny.
ł̇e bò ůtǎy (Ligny-Saint-Flochel). — Le Bois Hutin.
ł̇e bòzįļě (Pernes-en-Artois). — Le Boisillet.
ł̇e bò zòkě (Bours). — Le Bois Honquet.
ł̇e brůnǐmò (Diéval). — Le Brunemont.
ł̇e bůeò (Gouy-en-Ternois). — Le Buisson[1].
ł̇e bůeò ǎ vyòlèt (Bermicourt). — Le Buisson à Violettes.
ł̇e bůeò d' eě gòblǎ (Pierremont). — Le Buisson des Gobelins.
ł̇e bůeò dě gèrgįyě (Hucliers). — Le Buisson des Guerguinettes.
ł̇e bůeò d' sèyů (Diéval). — Le Buisson de Séu[2].
ł̇e bůeò fètů (Héricourt). — Le Buisson Faitout. Point d'intersection de plusieurs cantons.
ł̇e bůeò ròbǎy (Marquay). — Le Buisson Robin.
ł̇e bůeò tòmǎ ǎlèt (Saint-Michel). — Le Buisson Thomas Hallette.
ł̇e bůfyǒw (Herlincourt). — Le Bouffiau.
ł̇e bůļǎr (Roëllecourt). — Le Bouillard. Bois, autrefois planté de *bůļǎr*[3].
ł̇e byèf (Ecoivres). — Le Bief. Ainsi nommé à cause de la nature des terrains composant ce canton[4].
ł̇e eǎtǒw (Saint-Pol). — Voir *ł̇e kǎtyǒw*.
ł̇e eě d' ǽ (Humières). — Le Cent d'Œufs. Allusion au village d'Œuf (*ǽ*), dont le terroir touche à ce canton.
ł̇e erįzě (Troisvaux). — Le Cerisier. — Même lieu dit à Humereuil.
ł̇e děsòlǎ (Magnicourt-sur-Canche). — Le Dessolé.

---

[1] Un buisson (*bůeò*) servant de borne est ordinairement la cause de ces appellations : *ł̇e bůeò; ł̇e bůeò d...*, etc. || [2] *sèů*, *sèyů* ou *sèyů*, sureau. || [3] Bouleau. || [4] *byèf*, terre argileuse, compacte et collante, souvent mélangée de silex.

lè dimrõ ou *è' dibrõ* (Troisvaux). — Le Dimeron. On dit aussi : *è' bibrõ*.
lè dyàl (Izel-lez-Hameau). — Le Diale.
lè dyõ dè kã (Saint-Pol). — Le Dieu des Camps. Ancienne *sès*[1] aujourd'hui détruite, ainsi nommée sans doute à cause d'une petite chapelle incrustée dans un pignon ou dans le mur de façade. Ce lieu dit n'est plus guère connu.
lè fàtõ (Œuf-en-Ternois). — Le Fatou.
lè flò ã kòeõ ou *è' flò-kòeõ* (Saint-Pol). — Le Flot à Cochons. Un *flò*[2] existait autrefois en cet endroit.
lè fòsè ã kòrnàl (Saint-Michel). — Le Fossé à Cornailles.
lè fõ[3] *bèkõ* (Eps). — Le Fond Bécu.
lè fõ d' èllàkõr (Ramecourt). — Le Fond de Siracourt.
lè fõ d' dòtrè (Ostreville). — Le Fond d'Ostrel.
lè fõ d' kàpri (Hermaville). — Le Fond de Capry.
lè fõ d' kràjèt (Œuf-en-Ternois). — Le Fond de Croisettes.
lè fõ d' l' èrmità (Saint-Pol). — Le Fond de l'Ermitage. Dans le Bois de la Ville. L'ermitage qui existait dans ce canton fut démoli en 1755.
lè fõ d' ròbèrvò — Voir *è ròbèrvò*.
lè fõ d' nèvìl (Moncheaux). — Le Fond de Neuville.
lè fõ d' œ̃ (Croisettes). — Le Fond d'Œuf.
lè fõ fyàk (Bailleul-aux-Cornailles). — Le Fond Fiacre.
lè fõ màkiyõ (Troisvaux). — Le Fond Maquignon.
lè fõ pònè (Œuf-en-Ternois). — Le Fond Ponet.
lè fõ tàkè (Troisvaux). — Le Fond Taquin.
lè fàrmiè (Saint-Pol). — Le Fremy. Partie défrichée du Bois de la Ville.
lè gàlàf (Hestrus). — Le Galaffre.
lè gàrdinè (Marest). — Le Jardinet.
lè gàrimè (Chelers). — Le Garimetz.
lè grã-màrè (Saint-Michel). — Le Grand-Marais.
lè grã-ryè (Œuf-en-Ternois). — Le Grand-Rietz[4].
lè grã vàlõ (Saint-Michel). — *Le Grand Vallon*. Lieu dit dans le bois de Saint-Michel.
lè griyàr (Œuf-en-Ternois). — Le Grignard.
lè kàlòmõ (Izel-les-Hameau). — Le Callaumont.
lè kàtyòw[5] (Saint-Pol). — Le Château. Emplacement de l'ancien châ-

---

[1] Ferme. || [2] Mare. || [3] Le mot *fõ* indique toujours une dépression de terrain. || [4] *ryè* ou *àryè*, terrain vague, terrain communal. || [5] A Saint-Pol-ville, concurremment : *lè càtòw*.

teau fort des comtes de Saint-Pol. Pendant la Révolution, on l'appelait *lä mötẽn;* on y célébrait toutes les fêtes, officielles ou populaires.

ℓe kätyö d' ℓpẽn (Saint-Pol). — Le Château d'Epine. Partie défrichée de la forêt de Saint-Pol. Ce nom rappelle vraisemblablement la coutume suivante : « Quand elle se doit relever (*la terre d'Epinoy*), ledit Comte (*de Saint-Pol*) est tenu venir au devant dudit seigneur d'Espinoy jusques à l'entrée des bois de Saint-Pol, au lieu où est croissant certaines *espines*, et illecq ledit seigneur d'Fspinoy doit présenter et délivrer audit Comte ung blanc fust de lanche, et ledit Comte doit tirer de son doit ung anneau à pierre et le poser au doit dudit seigneur d'Espinoy. » (Coutumes de la châtellenie d'Epinoy.)

ℓe kätyö-rüj (Bryas). — Le Château-Rouge.

ℓe kä ä främyö (Denier). — Le Champ à Freumions [1].

ℓe kä ä lüjℓ (Thièvres). — Le Champ à Lugets. On y a jadis trouvé une douzaine de cercueils [2] de pierre.

ℓe kä ä mük (Eclimeux). — Le Champ à Mouches.

ℓe kä äz ägül (Hernicourt). — Le Champ aux Aiguilles. Terres contenant une quantité de petites pierres de forme *allongée, kõm ℓdz ägül* [3].

ℓe kä äz ös (Croix). — Le Champ aux Os. On a dû jadis y recueillir beaucoup d'ossements.

ℓe kä d' l' ℓpẽn (Lenzeux). — *Le Champ de l'Epine.* C'est le lieu où les *sörsℓl* [4] vont célébrer le sabbat, assurent les habitants de ce village.

ℓe kä flärℓ (Herlincourt). -- Le Champ Fleuri.

ℓe kä grllℓ (Floringhem). — Les Champs Grillés.

ℓe kä ködrö (Saint-Michel). — Le Champ Caudron.

ℓe kä mö d' ös (Bermicourt). — Le Champ Mont d'Os.

ℓe kä müsö (Houvin-Houvigneul). — Le Champ Mouchon.

ℓe kä rämö (Herlincourt). — Le Champ Ramon.

ℓe kä vërsẽ [5] (Saint-Michel). — Le Champ Versin.

ℓe kẽyä ou *ś' kẽyä* (Blangy-sur-Ternoise). — Le Chef-lieu.

ℓe kmẽ blẽ (Saint-Michel). — Le Chemin-Blanc. Terrain crayeux.

ℓe kmẽ d' ävïyö (Œuf-en-Ternois). — Le Chemin d'Avignon.

ℓe kmẽ dℓ kämyöw (Ligny-Saint-Flochel). — Le Chemin des Camiaulds. Certains habitants de ce village nomment ce canton : *ℓe kmẽ dℓ körmyöw.*

ℓe kmẽ d' sℓ käs-märäℓ (Œuf-en-Ternois). — Le Chemin des Chasses-Marées.

---

[1] *främyö*, fourmi. || [2] *lüjℓ*, cercueil. || [3] Comme des aiguilles. || [4] Sorcières. || [5] Les Saint-Polois disent : *ℓe kä vërsẽ.*

łe kmẽ d' rñklẽ (Floringhem). — *Le Chemin de Ruclin.*

łe kmẽ dñ mõlẽ (Ligny-Saint-Flochel). — Le Chemin du Moulin.

łe kmẽ krẽjẽ (Ligny-St-Flochel ; — Floringhem). — Le Chemin Croisé.

łe kõklẽ (Pressy). — Le Coquelet.

łe kõp-gõrj (Saint-Michel). — Le Coupe-Gorge. Point de jonction de plusieurs ravins boisés. Les voyageurs évitaient autrefois d'y passer pendant la nuit, de peur d'y être dévalisés ou même assassinés.

łe kõrnẽ brñlã (Ligny-Saint-Flochel). — Le Cornet Brûlant.

łe kõrnẽ flipõ (Ligny-Saint-Flochel). — Le Cornet Flipot. La forme des pièces de terre composant ce canton, ressemble à une espèce de *corne* qui entre dans le bois d'Averdoingt. Même remarque pour *łe kõrnẽ brñlã.*

łe kõbã ou *ɛ' kõbõ* (Flers). — Le Combat.

łe krẽv-kẽr (Hernicourt). — *Le Crève-cœur.* Côte très escarpée.

łe kris (Saint-Pol). — Le Christ. Partie du Bois de la Ville. Ce nom vient d'un crucifix attaché au tronc d'un vieux chêne depuis une époque très reculée. Ce chêne, à moitié mort de vieillesse, ayant été renversé par un ouragan il y a quelques années, le garde Flament en replanta un autre à côté de la souche de l'ancien, en 1884, et y recloua *ɛ' kris.*

łe krñpikẽ (Œuf-en-Ternois). — Le Crépiquet.

łe krñ (Pierremont). — Le Crou du Moulin ou simplement le Crou. Eminence sur laquelle est construit le moulin de Pierremont.

łe kñrti ñ lẽũ (Belleville, commune de Rougefay). — Le Courtil à Leus.

łe kñrti ñ truẽ kõrnẽ (Humières). — Le Courtil à Trois Cornets.

łe kñrti ñz ẽpẽn (Croisettes). — Le Courtil aux Epines.

łe kñrti fõyñr (Ligny-Saint-Flochel). — *Le Courtil Foyard.* Etait autrefois planté de *hêtres* [1].

łel ñp ñ kruẽ (Œuf-en-Ternois). — *L'Arbre à Croix.* Cette appellation vient d'un gros arbre planté sur le bord d'un carrefour, entre Guinecourt et Œuf. Il est d'usage *d' ẽikẽ* [2] une petite *croix* de bois au pied de cet arbre, lorsque le convoi d'une personne décédée à Guinecourt passe vis-à-vis pour se rendre à l'église d'Œuf.

łel ñþ dñ kẽmẽ. — Voir *wñkẽmẽ*, aux Noms de Lieux.

łel ñryẽ fñrẽ (Saint-Pol). — Le Rietz Farré. Partie du Bois de la Ville.

łel ẽrñþ (Saint-Michel). — L'Erable. Partie du Bois de Saint-Michel dans laquelle cette essence dominait.

łel ẽfẽr (Valhuon). — L'Enfer.

---

[1] *fõw*, hêtre, n'est employé actuellement que dans cette expression : *kñrbõ d' fõw*, charbon de bois. || [2] Ficher en terre.

tel ẽsẽn (Valhuon). — L'Enseigne.

tel òbèt (Saint-Pol). — *L'Hobette.* Les habitants des faubourgs de Béthune et d'Arras désignent ainsi l'emplacement de la Tour Plombée du château de Saint-Pol.

tel ò-sèv (Ligny-Saint-Flochel). — La Haute-Sève. Partie élevée du terroir de Ligny, *ă l' ăpwȧẽ*[1] des bois d'Averdoingt. — *tel ò-sèv* (Averdoingt). — La Haute-Sève. Bois, appelé *le Bois de Loséve* sur un plan de 1765.

te lò bàl (Calimont, commune de Saint-Pol). — *Le Long Bail.* Ce manoir avait été loué pour 99 ans. Voir *ẽl dàrnyẽ sȧ.*

te lõ kòtrõ (Fontaine-les-Boulans). — Le Long Cotron.

te lõ rẽdyèw (Hernicourt). — Le Long Rideau.

te lõ ryẽ (Valhuon). — Le Long Rietz.

te mălăj (Tincques). — Le Malage.

te mădẽlẽ (Hernicourt). — Le Mandelier.

te mòlăẽ (Flers). — Le Moulin.

te mòlẽ ă krăpẽt (Tangry). — Le Moulin à Crapettes. Y a-t-on fait des *krăpẽt?*[2]

te mòlẽ ă l' òl (Œuf-en-Ternois). — Le Moulin à l'Huile. Démoli depuis longtemps[3].

te mòlẽ blă (Valhuon). — Le Moulin Blanc.

te mòlẽ d' bŭfyèw (Hauteclocque). — Le Moulin de Bouffiau.

te mòlẽ dẽl fòs (Saint-Pol; — Gauchin-Verloing). — Le Moulin de la Fosse. Démoli depuis un siècle environ.

te mòlẽ d' ẽvĩ (Ramecourt). — Le Moulin d'Envie. Il était situé sur le bord de l'ancienne *voie* romaine de Saint-Pol à Vieil-Hesdin.

te mòlẽ d' kẽn (Œuf-en-Ternois). — Le Moulin de Chêne.

te mòlẽ d' pyẽr (Œuf-en-Ternois). — Le Moulin de Pierre.

te mòlẽ rŭj (Saint-Pol). — Le Moulin Rouge. Un moulin existait autrefois dans ce canton; je n'ai pu savoir s'il était peint en rouge.

te mõ (Saint-Pol). — Le Mont, promenade dominant la ville. — A Pernes-en-Artois, une place très élevée, où se tient le marché aux vaches, porte également ce nom.

te mõ d' ẽ (Œuf-en-Ternois). — Le Mont d'Œuf. Partie élevée du terroir de cette commune.

---

[1] Contre, || [2] Crêpes ou plutôt *crêpettes* (pâtisserie). Les *krăpẽt* sont aussi appelées *rătõ.* || [3] Ces lieux dits : *te mòlẽ....* etc., doivent leur nom à différents moulins à vent, dont la plupart sont aujourd'hui démolis.

le pàrădĭ (Gauchin-Verloing; — Ramecourt; — Troisvaux; — Valhuon). — Le Paradis.

le pàrtèr (Troisvaux). — Le Parterre.

le pàrtrŭï (Monts-en-Ternois). — Le Pertuis.

le pĭlŏ (Flers). — Le Pilot[1].

le pĭlŏ rŭj (Saint-Pol). — *Le Pilot Rouge.* Il y avait là, dit-on, un poteau de cantonnier peint en rouge.

le pĭŋŏlè (Nédon). — Le Pignolet.

le plătĭe (Saint-Pol). — Le Plantis ou la Place Verte. Clairière qui se trouvait dans le Bois de la Ville, et que l'on a fait *replanter.*

le plègàr (Pernes-en-Artois). — Le Pré Englard.

le plŭï (Diéval). — Le Plouy.

le pòrt-pèŭ (Troisvaux; — Monchy-Cayeux). — Le Porte-Peu. Terres de peu de rapport.

le prè ă l' yŏw (Saint-Pol). — Le Pré Aria. Dans un Etat des rues, chemins, etc., de 1811, il est appelé : *Le Pré Collaria.*

le prè d' l' ĕfèr (Saint-Michel). — Le Pré de l'Enfer.

le prè gŭrdèn (Ramecourt). — *Le Pré Gourdaine.*

le prè jă-ptĭ (Ramecourt). — *Le Pré Jean Petit.*

le prè kàyŭ (Ramecourt). — *Le Pré Cagnu.* Terrain crayeux.

le prè kàrnèl (Ramecourt). — *Le Pré Carnel.*

le prè làmòt (Ramecourt). — *Le Pré Lamotte.*

le răpàr (Saint-Pol). — *Le Rempart.* On nomme ainsi l'ancien clos des Chanoines qui touchait aux remparts de la ville, au sud-est.

le răpàr dè kàlŏŋè (Saint-Pol). — Le Rempart des Canonniers. L'ancienne confrérie des Canonniers Saint-Polois s'exerçait au tir dans le fossé bordant cette partie des remparts de la ville.

le rĕdè (Valhuon). — Le Rendet ou Rendat.

le tèrwè d' bàlŏ (Valhuon). — Le Terroir de Baillon.

le tèrwè dŭ ămèl (Valhuon). — Le Terroir du Hamel.

le tĕpàjŭk ou *e' tăpàjŭk* (Œuf-en-Ternois). — Le Timpajoucque. Canton situé près du village; c'est pour cela, dit-on, que les gens qui y occupent des terres, peuvent rentrer chez eux de plus bonne heure, et par conséquent *s' mèt ă jŭk pŭ tĕp*[2] que les autres.

le tĭ-màrè (Saint-Michel). — Le Petit-Marais.

le tĭ-ryè (Œuf-en-Ternois). — Le Petit-Rietz[3].

---

[1] *pĭlŏ*, pieu, poteau. || [2] Se mettent *à joucque* (se couchent) de plus bonne heure. || [3] *ryè* ou *ăryé*, terrain vague, terrain communal.

łε tyèrmõ (Valhuon). — Le Treumont ou le Tierremont.

łε vãlèbõ (Camblain-l'Abbé). — Le Valembois.

łε vĩyõl (Pierremont). — Le Vignol. Rappelle sans doute la culture de la vigne.

łε vyũ kmẽ d' bètæ̃n (Saint-Pol). — Le Vieux Chemin de Béthune.

łε vyũ kmẽ d' pèrn ou *l' kræ̃z*[1] *d' łε vyũ kmẽ d' pèrn* (Saint-Pol). — Le Vieux Chemin de Pernes.

łdzær łl fòsaè d' εè sòs (Ligny-Saint-Flochel). — Le Dessus du Fossé des Saules.

łl bãrnèy (Arras). — La Bernée. Ancien dépotoir de cette ville.

łl bãrtãn (Flers; — Héricourt). — La Bretagne.

łl bãtãl (Diéval). — La Bataille.

łl bãz bũlõn (Saint-Pol). — La Basse-Boulogne. Ce canton est nommé *Colardie* sur une carte de 1758.

łl bèl vãlaè d' ẽfèr (Troisvaux). — La Belle Vallée d'Enfer.

łl bèl vũ (Gauchin-Verloing). — *La Belle-Vue.* Point élevé d'où l'on découvre la vallée de Ramecourt et une partie de celle de la Ternoise.

łl blãε mãzõ (Saint-Pol). — La Blanche Maison. On dit aussi *l' blãε mõtãn.* Côte crayeuse assez élevée, au sommet de laquelle se trouve une vieille maison construite en pierres blanches.

łl blãε nõtèr-dãm (Troisvaux). — La Blanche Notre-Dame.

łl bœ̃nèt (Flers; — Ecoivres). — La Bunette ou la Beunette.

łl bũεõ d' εè dìs-sèt (Bryas). — Le Buisson des Dix-Sept.

łl bũεõ d' εè trèz (Gauchin-Verloing). — Le Buisson des Treize.

łl bũlwaè (Wavrans). — La Bouloie.

łl εεmĩnèy. — Voir *łl kmĩnèy.*

łl dãrnyè sũ (Calimont, commune de Saint-Pol). — *Le Dernier Sou.* Dit aussi : *ε lõ bãl.* Ce manoir était autrefois *ãmãzè*[2] d'une maison qui servit longtemps de cabaret, sous l'enseigne : *Au Dernier Sou.* Cette appellation commence à vieillir.

łl fãlèk (Saint-Michel). — La Falèque.

łl flãk (Saint-Pol). — *La Flaque.* Il y avait toujours une flaque d'eau en cet endroit. Un petit pont construit en face, sur la route de Fruges, s'appelait, au siècle dernier : Le Pont de la *Basse-Flaque.*

łl fòs ã lèũ (Prédefin). — La Fosse aux Loups.

łl fõ d' εè dũz (Saint-Michel). — Le Fond des Douze.

łl fõ d' εè kõdyèr (Saint-Pol). — Le Fond des Chaudières. Partie non

---

[1] *kræ̃z*, ravin. || [2] Sur lequel existent des constructions.

défrichée de la forêt de Saint-Pol. On y remarque un certain nombre de fosses appelées *kàlyèr*[1], dans lesquelles croissent difficilement quelques brins de taillis rabougris, et que les croyances populaires prétendent avoir été jadis les lieux de rendez-vous des *sòrèl*[2] et des *mòuè*[3], qui venaient y célébrer le sabbat.

èl fõ d' lè bò bàyõ (Saint-Michel). — Le Fond du Bois Bayon.

èl fõ d' lè krãbìlè (Œuf-en-Ternois). — Le Fond du Crubillet.

èl fõ d' làfàyèt (Humières; — Bermicourt). — Le Fond de Lafayette.

èl fõ d' òrlèkùr (Marquay). — Le Fond d'Horlincourt.

èl fòtàn èd l' èrmitàj (Saint-Michel). — La Fontaine de l'Ermitage. C'est la source principale du ruisseau des *Fontinettes*; elle est située à l'extrémité du *Bois du Pâtis*, non loin de l'endroit où se trouvait l'ermitage du *Bois de la Ville*.

èl fràk tèr (Gouy-en-Ternois). — La Franche Terre.

èl gàlàn (Fiefs). — La Galanne.

èl gàlòp (Hauteclocque). — La Galoppe.

èl gàltrì (Floringhem). — La Galterie. Les terres de ce canton contiennent beaucoup de pierres[4].

èl gàrdè d' là vìl (Saint-Pol). — Le Jardin de la Ville. Partie du Bois de la Ville, autrefois à usage de pépinière.

èl gàrdè pyèr pòtèl (Saint-Pol). — *Le Jardin de Pierre Potel.* Nom populaire du cimetière de Saint-Pol; Pierre Potel en fut longtemps le fossoyeur.

èl gàrgàn (Vacqueriette). — La Gargane.

èl gàrnòtyèr (Ramecourt). — *La Garnotière.* Partie du parc du château où l'on fabriquait le noir animal, lorsque la sucrerie de M. de Ramecourt était en activité[5]. Cet endroit est aussi appelé *l' gàrnàlèr, la Grenouillère.*

èl gìnèz (Guinecourt; — Héricourt). — La Guinaise.

èl glìsèt (Saint-Pol). — *La Glissette.* Nom populaire de la partie de la rue des Procureurs comprise entre la rue Nationale et le pont d'Aire. La pente en est très raide, et, pendant l'hiver, il arrive souvent que les gens et les chevaux qui y passent *glìsèt*[6] et tombent.

èl grà rùt (Ligny-Saint-Flochel). — *La Grand'Route.* Canton avoisinant la route nationale de Saint-Pol à Arras.

èl jùstìs (Saint-Pol; — Saint-Michel; — Herlin-le-Sec). — La Justice. Point situé à l'intersection des trois terroirs, où se dressaient les fourches patibulaires et aussi, croit-on, l'habitation de *Monsieur de Saint-Pol*, autrement dit : *è' bùryòu*[7].

---

[1] Chaudières. || [2] Sorcières. || [3] Diables, esprits malins. || [4] *gàltè*, rouler. || [5] *gàrnòtè*, bouillir en faisant du bruit. || [6] Glissent. || [7] Le bourreau.

èl kàbòe (Œuf-en-Ternois). — La Caboche.

èl kàlànà (Lenzeux). — La Canonnée. Rue où n'habitent que les descendants des *eòrèl*[1]. Les habitants de ce village n'aiment guère à y passer.

èl kàlàn (Diéval). — La Calanne.

èl kàpèl èl bàlè (Ligny-Saint-Flochel). — La Chapelle de Bailleul. Une chapelle se trouvait en cet endroit.

èl kàplèt (Monts-en-Ternois). — *La Chapelette.* Cette appellation vient d'une petite niche appliquée contre le tronc d'un tilleul, et renfermant une statue de la Vierge. — Même lieu dit à Diéval.

èl kàrbònà (Bermicourt; — Pierremont). — La Carbonnée.

èl kàràl (Humières). — La Carœulle.

èl kàryèr à lœ (Saint-Pol). — La Carrière à Leus. *kàryèr*[2] dans le Bois de la Ville.

èl kàryèr à frœmyò (Saint-Pol). — *La Carrière à Fourmis.* Dans le Bois de la Ville.

èl kàryèr d' èe bùeò à ràn (Saint-Pol). — La Carrière du Buisson[3] à Grenouilles. Dans le Bois de la Ville.

èl kàryèr dè krwè (Saint-Pol; — Saint-Michel). — La Carrière des Croix. *kàryèr* dans les bois de Saint-Pol et de Saint-Michel.

èl kàryèr dùòpò (Saint-Pol). — La Carrière Duhautpas. Dans le Bois de la Ville.

èl kàvè à kàyò (Saint-Pol). — La Cavée à Cailloux.

èl kàvè d' gùènkàr (Œuf-en-Ternois). — La Cavée de Guinecourt.

èl kàvè d' àmyèr (Œuf-en-Ternois). — La Cavée d'Humières.

èl kàvè vèrt (Canteraine, commune de Saint-Pol). — La Cavée Verte. Chemin creux dont les talus sont boisés.

èl kà d' eè kàrm (Ramecourt). — Le Champ des Carmes. Appartenait jadis aux Carmes chaussés de Saint-Pol.

èl kèn d' èe màyèr (Saint-Pol). — Le Chêne du Mayeur. Partie du Bois de la Ville où, dit-on, se trouvait avant la Révolution un chêne énorme connu sous ce nom. Cette appellation n'est plus guère usitée.

èl kènèl (Saint-Pol). — La Quenouille. Partie défrichée de la forêt de Saint-Pol.

èl kènwè (Œuf-en-Ternois). — Le Quesnoy.

---

[1] Sorcières. || [2] Chemin d'exploitation; proprement : voie où un *kàr* (chariot) peut passer. || [3] *Buisson* = partie de bois d'une certaine étendue. Employé dans cette acception dans une transaction relative à la forêt, passée en 1587 entre la ville et la comtesse de Saint-Pol.

ẽl kmẽ d' eẽ kòrnyòw (Roëllecourt). — Le Chemin des Corniaux.

ẽl kmẽ d' eẽ mòr (Roëllecourt). — Le Chemin des Morts.

ẽl kmẽ d' ẽe prẽs (Saint-Michel). — Le Chemin du Prince.

ẽl kmẽ d' ẽetãlẽ (Saint-Michel). — Le Chemin de Stalin (nom de famille).

ẽl kmẽnẽy[1] (Saint-Pol). — La Cheminée. Sentier abrupt, dans le Bois de la Ville; il serpente sur le flanc des Blanc-Monts et conduit à Grand-Camp.

ẽl kòrbyẽr (Beauvois). — La Corbière.

ẽl kẽ d' trẽvòw (Saint-Pol). — La Queue de Troisvaux. Partie non défrichée de la forêt de Saint-Pol, ayant une forme très allongée et contournant le village de Troisvaux.

ẽl krẽkãn drẽ (Conchy-sur-Canche). — La Crincagne Drè[2].

ẽl krẽz ã mõyòw ou *l' rũ dẽ mõyòw* (Ramecourt). — *La Creuse à moineaux*. Chemin creux dont les talus, garnis de broussailles et de haies touffues, servent d'asile à une quantité *d' mõyòw*[3].

ẽl krẽz d' ẽe vyũ kmẽ d' pẽrn. — Voir *ẽe vyũ kmẽ d' pẽrn*.

ẽl krẽz ẽd eẽ dij-ũẽt (Saint-Pol). — Le Ravin des Dix-Huit.

ẽl krẽz ẽd eẽ sãvòyãr (Ramecourt). — Le Ravin des Savoyards.

ẽl krwẽ d' grẽ (Saint-Michel). — *La Croix de Grès*. Extrémité du terroir de Saint-Pol, du côté de Saint-Michel. On ne connait plus exactement l'emplacement de la croix de grès qui donna son nom à ce lieu dit; elle se trouvait, croit-on, aux abords *d' ẽl puẽt*, et fut détruite à l'époque de la Révolution. Il existe un dicton se rapportant à ce lieu dit : *ãlẽ ã l' krwẽ d' grẽ*. C'est à peu près comme si l'on disait : aller au bout du monde. Ce dicton s'applique ordinairement aux personnes avares : *ẽl trwẽ ã l' krwẽ d' grẽ pũr œ yãr*[4].

ẽl kũmẽy (Buire-au-Bois). — La Cumehaie.

ẽl kũrt-rwẽy (Boubers-sur-Canche). — La Courte-Raie.

ẽl kũtũr (Humereuil). — La Couture. — A Bours : *ẽl kũtũẽ*.

ẽl lẽdòn (Floringhem). — La Laidronne.

ẽl lòkẽt (Herlin-le-Sec). — La Loquette. Les habitants de l'une des deux maisons de cette section étaient continuellement malades, et *y' ãvwẽ tũdl dẽ lòk ẽ dẽ lòkẽt ã rẽẽẽ ã sz ãẽ*[5].

ẽl lõg-ẽy (Rosemont, commune de Saint-Pol). — La Longue-Haie. Les

---

[1] A Saint-Pol-ville, concurremment : *ẽl eẽmẽnẽy*. || [2] *krẽkãn*, colline escarpée; synonyme de *bãrbãkãn* || [3] De moineaux. || [4] Elle irait à la Croix de Grès pour un liard. || [5] Il y avait toujours des *loques* et des *loquettes* à sécher aux haies.

prés et les jardins de Rosemont aboutissent tous de ce côté à un chemin rural, et sont clos par une longue haie bordant ce chemin. Un dicton : *vā-t-ē tyē ā l' lōg ē̄y !*[1] est en usage à Saint-Pol, au faubourg de Béthune particulièrement ; c'est l'équivalent de : va-t-en au diable ! va-t-en paître !

ēl lōgīyœ̄l (Ramecourt). — La Longuigneul. Ce nom vient d'une *longue* haie qui se trouve dans ce canton. Même lieu dit à Boubers-sur-Canche.

ēl lōg rīv (Beaufort). — La Longue Rive[2].

ēl lōg vwēy (Saint-Pol). — La Longue Voie. Chemin d'exploitation traversant une bonne partie des terres appartenant à la ville de Saint-Pol.

ēl mākwār (Agnières). — La Macoire.

ēl mālādrīy (Torcy). — La Maladrerie. Voir *ēe bō dēl mālādrīy*. — Même lieu dit à Averdoingt.

ēl mēzūr ā l' sūrēl (Ramecourt). — *La Mesure à l'Oseille*. Pièce de terre ainsi nommée à cause de la grande quantité de *ēlt sūrēl*[3] qui y croît.

ēl mēzūr pœ̄ tēr (Saint-Michel). — La Mesure Pointerre. Ce nom lui vient, dit-on, de ce qu'elle fut un jour cédée pour un *pœ̄ tēr*[4].

ēl mōrēt (Humières). — La Ferme Moret.

ēl mō-sēt-lwēy (Marquay). — Le Mont-Saint-Eloy.

ēl mōtan d' ēgrāw (Saint-Martin-Glise, commune d'Hernicourt). — La Montagne des Egroux.

ēl mūt (Saint-Martin-Glise, commune d'Hernicourt). — La Mutte[5].

ēl mūtlōt (Canettemont). — La Mutelotte.

ēl nāsyō (Nuncq). — La Nation.

ēl nōkrīy (Berles-Monchel). — La Nocrie[6].

ēl nwār tēr (Diéval). — La Noire Terre.

ēl plān d' ēe bō kāpēdū (Croix). — La Plaine du Bois Capendu. Ce bois longeait les terres de ce canton, avant son défrichement.

ēl plān d' ēe bō tūrnī (Saint-Michel). — La Plaine du Bois Tourny. Est bordée d'un côté par ce bois.

ēl plān d' ērlē (Saint-Pol ; — Saint-Michel ; — Herlin-le-Sec). — La Plaine d'Herlin.

ēl plān d' ōvō (Séricourt). — La Plaine d'Honval.

ēl plān ēd ēē fōs ā lœ̄w (Saint-Michel). — La Plaine de la Fosse aux Loups.

ēl plāti (Auxi-le-Château). — Le Planty.

ēl plœ̄mēt (Vacquerie-le-Boucq). — La Plumette.

ēl pō d' sē mārtē (Aumerval). — Le Pas de Saint-Martin. Canton situé

---

[1] Va-t'en chier à la Longue-Haie. || [2] *rīv*, bord d'un champ. || [3] Rumex acetosella. || [4] Pain tendre. || [5] *mūt*, silo, tas de terre. || [6] *nōkrīy*, pépinière.

entre Pernes et Aumerval, à la hauteur du Bellimont. Au bord de la route, près d'un fossé, se trouve, placé là de temps immémorial, un bloc de grès à la surface duquel on remarque une empreinte ayant la forme d'un pied de cheval, et profonde de quelques centimètres. La tradition assure que cette marque fut faite par le pied du cheval de saint Martin, lorsque, poursuivi par des soldats romains, il sauta du Bellimont dans la plaine. Les personnes fatiguées par une longue marche n'ont qu'à mettre le pied dans cette empreinte (on ne dit pas pendant combien de temps), et la fatigue disparaîtra sûrement.

èl pwèt (Saint-Michel). — *La Pointe.* La rue des Granges fait en cet endroit un angle très aigu avec la route d'Arras.

èl pyèsèt d' œrlèkür (Marquay). — Le Sentier d'Horlincourt.

èl pyèsèt èd eè kàplèt (Saint-Michel). — Le Sentier des Chapelettes.

èl pyèsèt màlvò (Marquay). — Le Sentier Malvaux.

èl rèdyò d' eè sèz (Saint-Michel). — Le Rideau des Seize. D'un rideau bordant une pièce de terre de seize *mesures.*

èl ròd èpèn (Hucliers). — La Ronde Epine.

èl rèlèt à lèw (Saint-Pol). — *La Ruellette à Loups.*

èl rü à kàyòw (Saint-Michel). — La Rue à Cailloux. Cette rue est le prolongement d'une *kràz*[1] venant du Bois Bayon. Comme la pente en est assez forte, les eaux provenant d'orages ou de fortes pluies entraînent une grande quantité de cailloux qui vont encombrer cette rue.

èl rü d' bò (Marquay). — La Rue de Bas.

èl rü dè kòp-gèl (Saint-Pol). — La Rue des Coupe-Gueules. Ancien nom de la rue Nationale, changé sous la Révolution en celui de rue de la Fraternité. C'est à l'extrémité nord-est de la rue des Coupe-Gueules qu'en 1537 les habitants de Saint-Pol furent, au nombre de 4.500, massacrés par les soldats de Charles-Quint, à la suite de la prise de cette ville.

èl rü dè mò (Saint-Pol). — *La Rue des Monts.* Nom populaire de la rue d'Egmont.

èl rü dè mòŋòw. — *èl kràz à mòŋòw.*

èl rü dè pü-vòlà (Saint-Pol). — *La Rue des Poux-Volants.* Nom populaire de la rue de la Nouvelle-France. Elle n'était habitée autrefois que par une population pauvre et généralement fort sale.

èl rü mòrdìewàr (Bergueneuse). — La Rue Mordichoire. Ravin.

èl rü d' là pòlkà (Saint-Pol). — *La Rue de la Polka.* Nom populaire de la rue du Mont. Un individu connu sous le sobriquet de *là pòlkà* a longtemps demeuré dans cette rue.

[1] Ravin.

ël rüjïyèr (Nédonchel). — La Rouginière.

ël sàblòyèr (Marquay). — La Sablonnière.

ël sàlpèt (Bours). — Le Salpêtre.

ël sès ëd bòdrïkür (Saint-Pol). — *La Cense*[1] *de Baudricourt*. Détruite depuis longtemps, cette ferme se trouvait près de la rue de Rosemont, à l'angle du chemin de la Longue-Haie. Dénomination qui n'est plus guère connue.

ël sòlèt (Averdoing; — Gouy-en-Ternois; — Grand-Rullecourt; — Herlincourt; — Lenzeux; — Ligny-sur-Canche; — Œuf-en-Ternois; — Roëllecourt). — La Solette.

ël tèt ëd kèn (Etrée-Wamin). — La Tête de Chêne.

ël tèprïy (Saint-Michel). — La Templerie.

ël tït fòrè (Saint-Pol). — La Petite Forêt. Partie non défrichée de la forêt de Saint-Pol.

ël türyèr (Maizières). — *La Tournière*.

ël vàlæ à kütyòw (Beauvois). — La Vallée à Couteaux.

ël vàlæ bütàrd' (Bryas). — La Vallée Boutarde.

ël vàlè kòrnàl (Pernes-en-Artois). — La Vallée Cornaille.

ël vàlèyèt (Bergueneuse). — La Valléiette.

ël vàlèt (Gauchin-Verloing). — La Valente.

ës[2] *sèü* (Blangy-sur-Ternoise; — Ecoivres; — Nuncq; — Haute-Côte; — Séricourt). — Le Séu[3].

ës sèyü (Bailleul-les-Pernes). — Le Séïu.

ës sò d' àgàc (Pierremont). — Le Saut d'Agache.

ë ò d' sàr (Maizières). — Le Haut de Sars.

ëtàrdæ bò (Ligny-Saint-Flochel; — Blangerval). — L'Entre deux Bois.

l' àbi (Croisettes). — *L'Abbaye*. — Voir *l' àbyèt*.

l' àbyèt (Croisettes). — *L'Abbayette*. *l' àbi* et *l' àbyèt* sont deux grandes fermes appartenant à l'hospice (autrefois *abbaye*) de Messines (Belgique).

l'àlè dè süpïr (Saint-Michel). — L'Allée des Soupirs. Allée du Bois où, dit-on, aimait à se promener la fameuse comtesse de Hornes qui fut, au siècle dernier, séquestrée par son mari dans le château de Saint-Michel[4], et qui l'incendia un soir, afin de pouvoir s'en échapper et n'y plus revenir.

là mòtèn — Voir *ëe kütyòw*.

l' ërmïz sèt-übèr (Flers). — La Remise Saint-Hubert.

là sèt-fàmïl (Saint-Michel). — *La Sainte Famille*. Il se trouve en cet

---

[1] *sès*, ferme. || [2] *ës*, pour *ëe*. || [3] *sèü*, *sèyü*, sureau. || [4] Appelé aussi château de Saint-Martin.

endroit une petite niche fixée sur un poteau, et renfermant un groupe en porcelaine : la Sainte Famille. Voir, aux Sobriquets, *lă sèt fămìl.*

l' ătărjèt (Calimont, commune de Saint-Pol). — *L'Attargette.* D'une enseigne de cabaret : *A l'Attargette.* Cet établissement est supprimé depuis une cinquantaine d'années.

l' ăyŏ[1] *dĕvŏ* (Ramecourt). — *L'Hayon Devaux.* Du nom du propriétaire.

l'ăyŏ lăkăl (Ramecourt). — *L'Hayon Lacaille.* Du nom du propriétaire.

l' ăjèră (Œuf-en-Ternois). — L'Hagerue.

l' blĕz fŏtăn (Pernes-en-Artois). — La Fontaine Bleue.

l' ĕbzĭnwăr (Bermicourt). — La Besinoire.

lĕ kătŏr fŭrnĕ (Ramecourt). — *Les Quatorze Fournet.* Champ de quatorze *mesures* autrefois occupé par Fournet, fermier de Saint-Ladre.

l' ĕpĭnèt (Saint-Michel ; — Ligny-Saint-Flochel ; — Flers). — L'Epinette.

l' ĕklŏ ă răp (Camblain-l'Abbé). — L'Enclos à Rapes[2].

l' ĕklŏ d' lă băzèk (Œuf-en-Ternois). — L'Enclos de la Bazèque.

l' ĕklŏ dă vĕ (Ramecourt). — *L'Enclos du Vent.* — Terrain exposé au nord et recevant le vent de bise de première main.

l' ĕklŏ fĕrkèl (Roëllecourt). — L'Enclos Ferquelle[3].

l' ĕklŏ kŏlĭnèt (Ramecourt). — *L'Enclos Colinette.*

l' ĕklŏ lĭkèt (Saint-Pol). — *L'Enclos Liquette.* La majeure partie de cet enclos est recouverte par les terrassements de la gare de Saint-Pol ; c'était autrefois une dépendance de la *sĕs du Dieu des Camps.* Les *lĭkèt, tăbăkyĕ*[4] bien connus à Saint-Pol, l'ont occupé pendant très longtemps.

l' ĕklŏ rŏjĕ (Lisbourg). — L'Enclos Rogin[5].

l' ĕkŏnĕ (Flers). — La Raie Connin.

l' kăvĕo (Averdoingt). — La Cavée.

l' gĕgèt (Ligny-Saint-Flochel). — La Guinguette.

l' kăpèl (Ligny-Saint-Flochel). — La Chapelle.

l' plăt d' ĕo (Averdoingt). — Le Pas d'Eau.

l' pyĕsèt ĕd tărnŏ (Ligny-Saint-Flochel). — Le Sentier de Ternas.

l' tălèt (Averdoingt). — La Taillette. Bois.

ŏ-dzĕr ĕ kălvĕr (Saint-Pol). — Le Dessus du Calvaire.

sz[6] *ălŏèt* (Ligny-Saint-Flochel ; — Valhuon). — Les Alouettes.

sz ămărèt (Sains-les-Pernes). — Les Amarettes.

---

[1] *ăyŏ*, bois de peu d'étendue, situé ordinairement en bordure ou le long d'un rideau, d'une côte. || [2] *ĕklŏ*, jardin ou plutôt terrain cultivé clos de haies. — *răp*, navet. || [3] *fĕrkèl*, fougère. || [4] Planteurs de tabac. || [5] Est-ce *rŏjĕ*, raisin ? || [6] *sz*, pour *ĕz*.

sz ăp ẗ.l bălö (Bours). — Le Ballion.
sz ăpèt (Tangry). — Les Appettes.
sz ărdèn (Diéval). — Les Ardennes.
sz ărjĭlèr (Diéval). — Les Argillières. De la nature du terrain.
sz ăvèrdĭyŏ (Averdoingt; — Meizières). — Les Averdigneuls.
sz ăvĭnèt (Diéval). — Les Avenettes.
sz ăvnèl (Brouilly, commune de Rebreuviette). — Les Avenelles.
sz ăyèt (Guinecourt.) — Les Hayettes.
sz ăzwè (Pernes). — *Les Oseraies.* — A Pressy : *sz ăzwè*, Les Hazois.
sz èfănĭk (Boyaval). — Les Ephaniques.
sz ègèrgèt (Bours; — Fontaine-lez-Hermans). — Les Eguerguettes.
sz èkărnĭ (Floringhem). — La Croix d'Ecarmies.
sz èlèpyèr (Floringhem). — Les Elespierres.
sz èpĭrŏl (Fontaine-les-Boulans). — Les Epirolles. Les *èpĭrŏt*[1] poussent en grande quantité dans ce canton.
sz èrŏdèl (Floringhem). — Les Ardondelles.
sz èt (Œuf-en-Ternois). — Les Hêtres.
sz èvèkè (Diéval). — Les Evéqués.
sz èvĭs (Floringhem). — Les Ewices.
sz èvĭ (Diéval). — Les Ewis. — A Bours : *sz èvĭ*, Les Ewys.
sz ĕglè (Averdoingt). — Les Anglets.
sz èklŏ ă pŭc (Aumerval). — Les Enclos à Puches[2].
sz hrlĭ (Hestrus). — Les Hurlis.
vèr bărlè (Ligny-Saint-Flochel). — Vers Barlet.

[1] Alopecurus agrestis. || [2] Est-ce *pŭc*, puce ?

ED. EDMONT.

II. PRÉNOMS

Les prénoms de femmes sont précédés d'un astérisque.

Remarquer que devant les étrangers ou les personnes de condition élevée, la forme française de la majeure partie de ces prénoms est employée, à Saint-Pol-ville surtout, préférablement à la forme patoise.

Les autres prénoms comme en français.

ȧšil. — Achille.

* *ȧdlȧïd'.* — Adélaïde, concurremment avec la forme *lȧïd'*.

ȧdȯf. — Adolphe.

* *ȧfin.* — Séraphine.

ȧlbèrt. Albert.

* *ȧldégȯd'.* — Aldegonde, concurremment avec la forme familière *gȯgȯd'*.

ȧlégzȧd' ou *ȧléksȧd'.* — Alexandre.

* *ȧlégzȧdrin.* — Alexandrine, concurremment avec la forme familière *drin*.

ȧlsid'. — Alcide, concurremment avec la forme *ȧrsid'*.

ȧmȧp. — Amable.

ȧmédèy. — Amédée, concurremment avec la forme *médèy*.

ȧréstid'. — Aristide.

ȧrnès. — Ernest.

* *ȧrnéstin.* — Ernestine.

ȧrsid'. — Alcide, concurremmen avec la forme *ȧlsid'*.

* *ȧrtémizy.* — Artémise.

* *ȧstȧzty.* — Anastasie, concurremment avec la forme *tȧzty*.

ȧdrïè (banlieue: *ȧdriè*). — Adrien, concurremment avec l'équivalent français.

* *bȧbȧrp.* — Barbe, concurremment avec la forme *bȧrp*.

* *bȧlȧrdin.* — Bernardine, concurremment avec la forme *bȧrnȧrdin*.

* *bȧrp.* — Barbe, concurremment avec la forme familière *bȧbȧrp*.

bȧtis. — Baptiste, Jean-Baptiste, concurremment avec la forme familière *tits*.

bȧrnȧr. — Bernard.

* *bȧrnȧrdin.* — Bernardine, concurremment avec la forme *bȧlȧrdin*.

bȧrtè. — Bertin.

* *bȧrtin.* — Bertine, Albertine.

* _bébèl._ — Isabelle (familier).

* _bébèrt._ — Berthe, familièrement.

* _bébèt._ — Elisabeth, concurremment avec la forme _zabèt._

béjãmẽ. — Benjamin.

bélõni. — Bénoni.

* _bénédik._ — Bénédicte.

bénwè (Saint-Pol-ville : _bénwã_, concurremment). — Benoît.

* _bèrjit_ ou _birjit._ — Brigitte.

bèrnabèy. — Barnabé.

bõnavètür. — Bonaventure.

šàl. — Charles. La forme _šèl_ n'est plus employée que dans ce nom composé : _jã-šèl._

šàrlèmãn. — Charlemagne. Dans la banlieue, on emploie surtout la forme _šàrlèmãn._

* _šwàs._ — Françoise, concurremment avec la forme _frãswàz._ — _šwàs_ n'est plus guère employé à Saint-Pol-ville.

šwè. — François, concurremment avec la forme _frãswè._ — _šwè_ n'est plus guère usité à Saint-Pol-ville.

dèni. — Denis.

* _dénil._ — Denise.

* _dèrõtèy._ — Dorothée.

dõdòr. — Théodore.

* _dòksiy._ — Eudoxie.

* _dõmétil._ — Domitilde.

* _dõzitèy._ — Dosithée.

drèy. — André, concurremment avec la forme _ãdrèy._

* _drin._ — Alexandrine, concurremment avec la forme _alègzãdrin._

édzirèy ou _dzirèy._ — Désiré, Désirée.

ègzavyè ou _gzavyè._ — Xavier.

éluèy. — Eloi.

émàb. — Aimable, concurremment avec la forme familière _mãmàb._

émèy. — Aimé, Aimée, concurremment avec la forme familière _mémèy._

* _èrmir._ — Elmire.

* _éstéfàniy._ — Stéphanie, concurremment avec la forme _fàniy._

* _èzmèriy._ — Isméric.

ẽri. — Henri (banlieue).

* _ẽrièt._ — Henriette (banlieue).

* _èrmà._ — Irma.

* _fàniy_ (banlieue : _fàniy_). — Stéphanie, concurremment avec la forme _éstéfàniy._

fàrdinã. — Ferdinand.

* _fàrdinãd'._ — Ferdinande.

fèlis. — Félix, concurremment avec la forme _filis._

* _fémiy._ — Euphémie, concurremment avec la forme familière _mimiy._

* _fèrmin._ — Firmine.

fièdèrik. — Frédéric.

* _fifin._ — Joséphine. Voir _zéfin._

* _fik._ — Pacifique.

filéàs. — Philéas.

filis. — Félix, concurremment avec la forme _fèlis._

fir. — Zéphir.

filp. — Philippe.

* _filpin._ — Philippine, concurremment avec la forme familière _pipin._

flòrã. — Florent.

* _flòrãs._ — Florence.

flòrãtẽ (banlieue : _flòrãtẽ_). — Florentin.

* _flòrãtin._ — Florentine.

* _flòris._ — Floris.

* _frãziy._ — Euphrasie.

* *frãswàt*. — Françoise, concurremment avec la forme *swàs*.

frãswé. — François, concurremment avec la forme *swé*.

* *frózin*. — Euphrosine.

glĩẽ (faubourgs : *glĩã*; banlieue : *glĩãɛ*). — Guislain.

* *glɛ̃rmin*. — Guillelmine.

gíyõm. — Guillaume.

glõd'. — Claude.

* *glõdà*. — Clauda.

* *glõdin*. — Claudine.

* *gõgõd'*. — Aldegonde, concurremment avec la forme *àldégõd'*.

gĩgùs. — Auguste, concurremment avec la forme *ógùs*.

gùstàv. — Gustave.

gùstẽ (faubourgs : *gùstã*, banlieue : *gùstãɛ*). — Augustin, concurremment avec la forme familière *tẽtẽ*.

* *gùstin*. — Augustine, concurremment avec la forme familière *titin*.

* *jàklèn*. — Jacqueline.

jã-šàl. — Jean-Charles (vieilli).

jèf et *jèjèf*, concurremment. — Joseph, Josèphe.

* *jèn*. — Jeanne. Vieilli; on emploie plutôt la forme *jãn*.

jíjíl. — Jules (familier).

jílõ. — Gillon (Ramecourt).

* *jíyèn*. — Julienne.

* *jíyèt*. — Juliette.

jíyẽ (banlieue : *jíyẽ*, *jílẽ*). — Julien.

jwàsẽ (banlieue : *jwàsãɛ*). — Joachim.

* *jwàsin*. — Joachime.

kàlis. — Calixte.

kàri. — Zacharie.

* *kàtrin*. — Catherine (forme vieillie : *trin*).

* *kàtrinèt*. — *Catherinette*, diminutif familier de *kàtrin* (forme vieillie : *trinèt*).

kẽtẽ. — Quentin.

* *klàrà*. — Clara.

* *klàris*. — Clarisse.

kõlà. — Nicolas.

* *kõlàstik*. — Scolastique.

* *làid'*. — Adélaïde, concurremment avec la forme *àdlàid'*.

* *làli*. — Eulalie.

làryõ. — Hilarion. Peu usité.

lẽàd' (banlieue : *lẽyàd'*, *lẽyed'*). — Léandre.

* *lidà*. — Alida.

* *lik* ou *lilik*. — Angélique.

* *likèt*. — Diminutif de *lik* (un peu vieilli).

* *lilin*. — Fidéline.

* *liõni* ou *lèõni*. — Léonie.

* *lizà*. — Elisa.

lizé. — Elisée.

* *lõkàdi*. — Léocadie.

* *màdlèn*. — Madeleine.

* *màgrit*. — Marguerite.

* *mà-jõzèf*. — Marie-Josèphe.

màmàp. — Aimable, concurremment avec la forme *émàp*.

mànà et *mànèl*. — Emmanuel.

* *màri*. — Marie (banlieue).

màri-jèn. — Marie-Jeanne.

* *màryõ*. — Marie. N'est guère usité que dans cette exclamation : *jézàs ! màryõ !*

* *màdin*. — Amandine.

médèi. — Amédée, concurremment avec la forme *àmédèi*.

* *mélly*. — Emélie, Amélie.
mémèy. — Aimé (familier).
méō. — Siméon.
* *mérās*. — Emerence.
* *mlly*. — Emélie, concurremment avec la forme *mélly*.
mĭmĭ. — Barthélemy.
mĭmĭr. — Casimir.
* *mĭmly*. — Euphémie, concurremment avec la forme *fémly*.
mŏdès. — Modeste.
mōmō. — Florimond.
* *mĭyèn*. — Emilienne.
mĭyĕ. — Maximilien.
* *nénèt*. — Antoinette. Voir *tŏnèt*.
* *nĭnly*. — Eugénie, concurremment avec la forme *djénly*.
nŏé. — Noël.
* *nŏnŏr*. — Eléonore.
* *nŏrĭn*. — Honorine.
ōghs. — Auguste, concurremment avec la forme familière *gōghs*.
ōktāvĕ. — Octave.
* *pĭpĭn*. — Philippine, concurremment avec la forme *flĭpĭn*.
plāsid'. — Placide.
pōlĭkā. — Polycarpe.
pŏlĭt. — Hippolyte.
pŏpŏl. — Forme familière de Paul, Léopold, Agathopol.
pŏrfĭl. Porphyre, concurremment avec la forme *pŏrfĭr*.
prĭyĕ. — Cyprien.
* *pŭrsérly*. — Pulchérie.
* *rĭèt*. — Henriette, concurremment avec les formes *ārĭèt* et *ĕrĭèt*.
* *rŭfĭn*. — Ruffine.
* *sélès*. — Céleste.
sĕrĭl. — Cyrille.
* *sĭdly*. — Placidie.
* *sĭlĭā*. — Cœlia.
* *sĭsĭl*. — Cécile.
* *sĭtèy*. — Félicité.
* *sŏfŏnĭs*. — Sophonisbe.
* *sŏfĭy*. — Sophie.
* *tālly*. — Nathalie.
* *tāvĭy*. — Octavie. Voir *vĭvĭy*.
* *tāzĭy*. — Anastasie, concurremment avec la forme *āstāzĭy*.
* *tārèz*. — Thérèse.
* *tĕŏtĭn*. — Théotime.
tĕtĕ. — Augustin, concurremment avec la forme *gūstĕ*.
* *tĭtĭn*. — Augustine (familier).
tĭtĭs. — Baptiste, Jean-Baptiste, concurremment avec la forme *bātĭs*.
tĭtwān. — Antoine, concurremment avec la forme *twān*.
* *tŏfĭlly*. — Théophilie, concurremment avec la forme *tyŏfĭlly*.
* *tŏnèt*. — Antoinette, concurremment avec la forme familière *nénèt*.
trèsfŏr. — Télesphore.
* *trĭn*. — Voir *kātrĭn*.
* *trĭnèt*. — Voir *kātrĭnèt*.
tŭtŭf. — Bertuphe.
twān. — Antoine, concurremment avec la forme *tĭtwān*.
tyŏfĭl. — Théophile.
* *tyŏfĭlly*. — Théophilie, concurremment avec la forme *tŏfĭlly*.
ŭjĕn. — Eugène.
* *ŭjénly*. — Eugénie, concurremment avec la forme familière *nĭnly*.
ŭstāš. — Eustache.
vālĕtĕ. — Valentin (banlieue).
vārĭs. — Evariste (banlieue).
* *vĭvĭy*. — Octavie (familier). Peu usité.
wārā. — Walleránd.

* *yĕyĕt.* — Henriette (familier).
* *zăbĕt.* — Elisabeth, concurremment avec la forme familière *bĕbĕt.*
* *zĕfin.* — Joséphine. Peu usité.

zīdòr. — Isidore.
zīfòr. — Onésiphore.
* *zīzin.* — Ambroisine.

III. NOMS DE FAMILLE

Les noms patronymiques, en général, ne diffèrent de leurs équivalents français que par la manière dont les Saint-Polois les prononcent, à l'exception toutefois d'un petit nombre dont voici la liste :

ărnăr. — Renard.
ărnă. — Hernu.
ărņĕ. — Régniez.
ărdŭĕ. — Harduin.
bărnó. — Bernas.
bără ou *bărŏ* (Banlieue : *bărŏ*). — Barras.
băyœ ou *băļœ.* — Bailleul.
bărnăr. — Bernard.
bĕrlĕgĕ. — Bellenguez.
bĭzărĕl ou *byărĕl.* — Béharelle.
bŏkĭyŏ ou *bŏkĭļŏ.* — Bocquillon.
bŏyĭ ou *bŏĭ.* — Boilly.
brĭwĕ ou *brĭywĕ.* — Briois.
brŏkvyĕl. — Brocqvieille.
brŭmĕgă. — Bruyninga.
bĭrŏ ou *bĭlŏ.* — Desbureaux.
bŭlĕjĕ. — Boulanger, Boulenger.
bŭrăb. — Bourable.
bŭrgwĕ. — Bourgois.
bŭrjwĕ. — Bourgeois.
bŭyĕ ou *bŭļĕ.* — Bouilliez.
bwĕtĕ. — Boitel (Hernicourt).
bwĕtĕl. — Boitelle.
byărĕl ou *bĭzărĕl.* — Béharelle.
dĕrsĕ. — Dhersin.
dĕgrăjĭyĕ. — Desgroiselliers, Desgrugillers.
dĕlbĕy. — Delbé.
dĕlkŏĕl. — Delacauchy.
dĕllwĕy. — Deleloy.
d'ĕnĭsdăl. — D'Hinnisdal.
dŏrlĕkăr. — Dorlencourt.
drŏkăr. — Derocourt.
drœ. — Dereux.
dŭŏpŏ. — Duhautpas.
dŭpĕ. — Dupend.
dŭsŏswĕy. — Dusaussoy.
dŭrlĕ. — Dourlens.
ĕstălĕ[1]. — Stalin.
ĕsvăyĕ ou *ĕsvăļĕ.* — Chevalier.
ĕdbŏf. — Deboffle.
ĕdbrĕ. — Debret.
ĕdbŏmĭ. — Debomy.

---

[1] Tous les noms commençant par *ĕs*, *ĕd*, *ĕt*, *ĕs*, ont, à l'exception de *ĕsĭŏ*, une seconde forme en *s*, *d*, *t*, *s*. Ex. : *mŏ d'ĕstălĕ*, *s'ĕ stălĕ*; *dmŏ d'ĕdlŏ*, *ĕt yărdĕ dlŏ*, etc.

ẻdbẅlr. — Debuire.

ẻdbẅls. — Debuisse.

ẻdfȧsk ou *ẻdfȧs.* — Defasque.

ẻdkȯrbẻm (Faubourgs: *ẻdkȯrbẻn*). — De Corbehem.

ẻdkrwẻ. — Decroix.

ẻdlȧbi. — Delaby, concurremment avec la forme *lȧbi.*

ẻdlȧbrwẻy. — Delabroy, concurremment avec la forme *lȧbrwẻy.*

ẻdlȧnwẻy. — Delannoy.

ẻdlȧplȧs. — Delaplace.

ẻdlȧt. — Delattre.

ẻdlȧȧs. — Delahousse.

ẻdlẻl. — Delehelle.

ẻdlȯ. — Delau.

ẻdlȯbẻl ou *ẻdlȯbẻl.* — Delobel.

ẻdlȯri ou *ẻdlȯril.* — Delory.

ẻdlȯzyẻ. — Delozien.

ẻdmȯ. — Demont, Edmont.

ẻdŭbf. — Delœuf.

ẻdvilẻr. — Devillers.

ẻlbȧ. — Lebas.

ẻlbẻl. — Lebel.

ẻlbȯ. — Lebon.

ẻldrü. — Ledru.

ẻldük. — Leducq.

ẻlfẻb. — Lefebvre.

ẻlflȯ. — Leflon.

ẻlfœb. — Lefeuvre.

ẻljȯn. — Lejosne (Œuf-en-Ternois).

ẻljœn. — Lejeune.

ẻlkȧ. — Lecas.

ẻlklẻr. — Leclercq.

ẻlkȯt. — Lecomte.

ẻlkyẻ. — Lequien, concurremment avec la forme *ẻltyẻ.*

ẻllœ. — Leleu.

ẻlmẻr. — Lemaire.

ẻlmẻt. — Lemaître.

ẻlmwȧn. — Lemoine.

ẻlprẻt. — Leprêtre.

ẻlsẻn. — Lesenne.

ẻlsẻrf. — Lecherf.

ẻlsyœ ou *ẻlsyü.* — Lecleux.

ẻltyẻ. — Voir *ẻlkyẻ.*

ẻskȧrpẻ. — Scarpin.

ẻnẻšȧl. — Sénéchal.

ẻtȯ. — Etton.

ẻgrȧmẻr. — Engramelle.

ẻgrȧ (banlieue: *ẻgȧȧ*). — Engrand.

fȧrnȧgü. — Fernagut.

flȯrẻ. — Floret.

fȯsẻy ou *fwẻsẻy.* — Foissey.

gȧkẻl ou *gȧkẻr.* — Gaquerre.

gẻmẻnẻ. — De Guéménée[1].

gȧfrwẻy. — Guffroy.

gȧp. — Gouble.

gȧyȧr ou *gȧtȧr.* — Gouillart.

ẻvẻ. — Evain.

jȯfrwẻy. — Geoffroy.

jȧpsi. — Judey.

kȧbü. — Abus (Ramecourt).

kȧrn ou *jȧkȧrn.* — Jacquart.

kȧrpẻtyẻ. — Carpentier.

kȧvrwẻy. — Cavrois.

kȧdȯ. — Candas (Gouy-en-Ternois).

---

[1] La princesse de Rohan-Guéménée, héritière du maréchal de Rohan-Soubise, dernier comte de Saint-Pol. — On dit à Saint-Pol, d'une personne qui porte une toilette excessive : *dl ẻ mi kȯm ẻn gẻmẻnẻ*, elle est mise comme une (princesse de) Guéménée.

kẽtẽ. — Quentin.

kĩyõ. — Quilliot.

kõtrœl. — Cointrœuil.

krõkĩzɷ. — Croquison (Buneville).

kăvẽyẽ. — Cuvelier, Cuvilier.

lăbĩt. — Labitte, Delaby. — Voir *ẽdlăbĩ.*

lăbrwẽy. — Delabroy. — Voir *ẽdlăbrwẽy.*

lẽdẽy. — Lédé.

lẽj. — Laigle.

lẽpẽn ou *lẽpĩn.* — Delépine.

lĩbẽsăr. — Libessart, Delibessart.

lĩsẽ. — Hérissent.

lõryẽ. — Lorgniez.

lõzẽl. — Loyselle.

lœn. — Lune.

lwẽy. — Loy.

mălõ. — Malou.

măyăr. — Maillart.

măyœ. — Mahieu.

măyẽ. — Lemagnier.

mẽnĩl ou *mĩnĩl.* — Méni.

mẽbœf. — Membœuf.

mœrswẽ. — Meurtdesoif (Gauchin-Verloing).

mœrĩs. — Meurisse.

nõrmă. — Normand, Normain.

õrkœr ou *õtkœr.* — Hautecœur.

õv. — Hove.

păpgẽy ou *pătgẽy.* — Papegay.

părmẽtyẽ. — Parmentier.

păskĩr ou *păskĩl.* — Pasquirs.

păstẽ. — Pastel.

pẽtĩ. — Petit.

pẽmœl. — De Pinchemouche [1].

plẽ. — Pelet, Plé.

põlõ ou *põryõ.* — Poillion.

pœwẽ. — Puchois.

pœpẽl. — Poubel (Troisvaux).

rẽvẽyõ. — Revillon.

rẽvĩyõ.— Renvillon (Roëllecourt).

rõd'. — Roode.

rõdẽjẽ. — Rodanger.

rõp. — Robbe.

rœlẽs. — Rulence.

swẽsõ. — Soissons.

tăyăr. — Tailliar.

tărnĩzyẽ. — Ternisien.

tărnwẽ. — Ternois.

tĩfĩs. — Petitfils.

tĩlwẽy. — Tilloy.

tĩrbœt. — Tréboute.

trĩzõ. — Thérisod.

trwẽvõ. — Troisveaux [2].

tœmẽrẽr. — Tumerel.

tœyẽ ou *tœlẽ.* — Thuillier.

văkrĩ. — Delavacquerie.

vălăj. — Vallage.

văsœ. — Vasseur, Vasseux.

---

[1] *săpré dœkă pẽmœl!* C'est ainsi qu'on traite bien fréquemment les individus qui font le malin, l'*dœkă.* — Un M. de Pinchemouche était avocat à Saint-Pol, avant la Révolution. ‖ [2] Détail à noter : les *Troisveaux* sont *bouchers* de père en fils depuis plus de deux cents ans.

IV. NOMS DE LIEUX[1]

Villes, villages et hameaux.

Il y a une soixantaine d'années, au dire des personnes âgées, les noms de lieux patois étaient d'un usage courant à Saint-Pol-ville; leur emploi y est actuellement fort restreint, et, autant que possible, on évite de s'en servir. Dans les faubourgs même, les dénominations françaises se substituent peu à peu aux appellations locales. C'est dans la banlieue[2] que j'ai recueilli le plus grand nombre de formes patoises.

A ces noms de localités, je joins, quand il y a lieu, les noms par lesquels en sont désignés les habitants. On n'en trouvera toutefois que très peu dans ce recueil, car ils ne sont guère usités. Lorsque l'on veut désigner les habitants de tel ou tel endroit, on se contente généralement de dire : *cé jè d.....*, *cé-lò d.....*, *cé d.....* Exemple : *cé jè d' bétün*, *cé-lò d'ärö*, *cé d' pronèy*. J'y ajoute également les formulettes et les dictons relatifs à quelques-unes de ces localités, ou à leurs habitants.

Valeur des signes employés.

-|- = Noms de lieux usités à Saint-Pol, ville, faubourgs et banlieue.

× = Noms de lieux usités à Saint-Pol, ville et faubourgs.

Les noms qui ne sont suivis d'aucun signe sont uniquement employés à Saint-Pol-ville.

Nota. — L'article est compté dans la série alphabétique[3].

àbàr, ×, Habarcq. — Banlieue : *àbàk*. — Les habitants de ce village sont surnommés *cé dàr d'àbàr*, ou bien *cé ò kàpyòe*[4], par allusion à leur foi peu ardente, dit-on. Habarcq fut d'ailleurs habité jadis par de nombreux protestants.

àcikàr, -|-, Achicourt. — Le territoire de ce village n'est qu'un vaste jardin maraîcher, dont les produits servent à l'alimentation de la ville d'Arras. Achicourt est célèbre par ses *baudets*, qui, porteurs de deux grands

---

[1] Ne figurent pas dans cette liste les noms de lieux ayant une forme semblable en patois et en français. || [2] Par ce mot : *banlieue*, je désigne ici tous les villages avoisinant Saint-Pol. || [3] Il en sera de même pour les *Lieux-dits*. || [4] Les Durs d'Habarcq; les Hauts Chapeaux.

Achicourienne revenant du marché d'Arras.
(Reproduction d'un dessin de M. J. B***).

paniers renfermant les légumes qu'ils sont chargés de transporter au marché de cette ville, sont toujours conduits par les Achicouriennes, dont le costume traditionnel, d'une certaine coquetterie, quoique très simple, est tout à fait particulier à ce village. Un grand bonnet tuyauté, un tricot de laine noire sur lequel se croise un mouchoir et tombe une assez large croix d'or, un court *kòtrò*[1] de futaine, et l'inséparable *dkòreà*[2] de toile grise jeté sur les épaules et flottant au vent, voilà *sèl fèm*[3] d'Achicourt, quand, assise sur son âne, elle s'en vient au marché d'Arras. — A Saint-Pol et dans nos environs, les personnes un peu bouchées sont bien souvent qualifiées de *baudets d'Achicourt*.

deyé ou *deyèl*, +, Achiet-le-Grand.

àlbèrt, +, Albert (Somme).

àlwàn, +, Allouagne.

àmònvìl, Monneville. — Voir *mònvìl*.

àmyé, ×, Amiens. — Banlieue : *àmyé*. — Habitants : *àmyénwà*, *àmyénwé*. — D'un individu qui s'agite beaucoup pour ne rien faire, on dit :

il àrsàn jà d'àmyé :
i s'tù é i n' fé ryé[4].

On prétend que ce dicton date du XVIe ou du XVIIe siècle. Les habitants d'Arras en seraient les auteurs, et s'en sont servi, paraît-il, pour se moquer des Picards et surtout des Amiénois, qui ne parvenaient pas à faire reculer les troupes espagnoles. Ceux-ci, reprochant de leur côté aux Arrageois d'avoir abandonné le service du roi, disaient de ces derniers :

s'é jà d'àrò,
kí kí é kí-l lès lò[5].

Ce dernier dicton est parfois employé ici, avec la variante : *kí fé*, au lieu de : *kí kí* ; le sens d'ailleurs reste le même. — Voir *àrà*s.

àmò, ×, Le Hameau, commune d'Izel-lez-Hameau. — Banlieue : *àmyò*.

àrbròvyèt ou *rbròvyèt*, +, Rebreuviette.

àrbròv ou *rbròv*, +, Rebreuve-sur-Canche ; Rebreuve, près Houdain.

*àrà*s ou *àrò*, ×, Arras. — Banlieue : *àrò*. — Avant la Révolution, Arras était surnommée : *sèl vìl à klòké*[6], à cause du nombre et de l'importance de ses monuments religieux.

sàdèl d'àrò,
tò l' mòd' s'è vò !
sàdèl d'àmyé,
tò l' mòd' àrvyè[7] *!*

---

[1] Jupon. || [2] Tablier (dans les environs d'Arras : *èkdreà*). || [3] La femme. || [4] Il ressemble (à) Jean d'Amiens : — Il se tue et il ne fait rien. || [5] C'est Jean d'Arras, qui chie et qui le laisse là. || [6] La ville aux clochers. || [7] Chandelle d'Arras, — Tout le monde s'en va ! — Chandelle d'Amiens, — Tout le monde revient ! — Allusion à la Sainte-Chandelle d'Arras. — Variante (à Saint-Pol-ville) : *sàdèl d'àrà*s, — *tò l' mòd' s'à và !* — *sàdèl d'àmyè*, *tò l' mòd's ryèl*

Formulette employée pour amuser les jeunes enfants. En la récitant, on élève et on abaisse alternativement un bâton ou un objet quelconque de forme allongée, tenu verticalement à la main.

ărnĭkŭr, +, Hernicourt.

ărtwă ou *ărtwĕ*, +, Artois, ancienne province formant la majeure partie du département du Pas-de-Calais. — Habitants : *ărtèzyĕ*, *ărtĭzyĕ*, ×. Banlieue : *ărtĭzyĕ*. — On dit souvent des habitants de l'Artois : *ărtèzyĕ, tèt ĕd' tyĕ, bŏyŏ răj*[1]. Je n'ai pu trouver l'origine de ce dicton.

ăvèn, +, Avesnes-le-Comte. — Voir *ĕbĭyĭ*.

ăvèn-ĕnŏw, +, Avesnes-sur-Helpe (Nord). — Cette ville faisait jadis partie du *Hainaut*.

ăvèrdwĕ, ×, Averdoingt. — Banlieue : *ăvèrdwĕ*. — *ăvèrdwĕ, ĕ' păĭ ă sŏrsĭ*[2]. Allusion aux sorcières qu'Averdoingt possédait autrefois, lesquelles, dit-on, faisaient leur sabbat dans les bois qui entourent ce village.

ăbrĭ, Embry. — A Torcy et environs : *ĕbrĭ*.

ăbrĭn, ×, Ambrines. — Banlieue : *ăbrĕn*. — A Maizières et environs : *ĕbrĕn*.

ăglĕtèr ou *ĕglĕtèr*, ×, Angleterre. — Banlieue : *ĕgĕltèr*, *ĕglĕtèr*. — Habitants : *ăglĕ*, *ĕglĕ* (banlieue : *ĕglĕ*).

ăntĕ, ×, Antin, commune de Valhuon. — Banlieue : *ăntĕ*.

ătĭyœl ou *ătĭyœ*, ×, Antigneul, commune de Bours. — Banlieue : *ătĭyŏ*, *ĕtĭyœ*, *ĕtĭyŏ*.

ăvĕ, ×, Anvin. — Banlieue : *ăvĕ*, *ĕvĕ*.

băpŏm, +, Bapaume.

băyœ ou *băyœ-ă-kŏrnăĭ*, + (A Saint-Pol-ville, concurremment : *băyœl*), Bailleul-aux-Cornailles. — Les bois avoisinant ce village sont fréquentés par une quantité incroyable de *kŏrnăĭ*[3]. — Deux formulettes se rattachent au nom de Bailleul-aux-Cornailles; elles sont récitées par les enfants lorsqu'il commence à pleuvoir :

1.
plœ, plœ,
tă k'ĭ plœ!
sĕ kŏrnăĭ sŏt ă băyœ,
ĭ răpŏrtrŏ œ kărtrŏ d'œ[4]*!* (Saint-Pol).

2.
plœ, plœ, plœ!
sĕ kŏrnăĭ sŏt ă băyœ,
sĕz ŭjŏ ŏ vèr-tĭlœ[5]*!* (Ramecourt).

[1] Artésien, tête de chien, boyaux rouges. ‖ [2] Le pays aux sorcières. ‖ [3] Corbeaux. ‖ [4] Pleut, pleut, — Tant qu'il pleut! — Les *cornailles* sont à Bailleul, — Elles rapporteront un quarteron d'œufs! ‖ [5] Pleut, pleut, pleut! — Les *cornailles* sont à Bailleul, — les oiseaux au Vert-Tilleul.

bèljik, +, Belgique. — Habitants : *bèljike, èn* (concurremment : *bèlj*).

bèlvàl ou *bèlvô*, ×, Belval, commune de Troisvaux. — Banlieue : *bèlvô*.

bèrtovàl, Berthonval, commune de Mont-Saint-Eloy. — Banlieue : *bèrtovô*.

bètakùr, ×, Béthencourt, commune de Tincques. — Banlieue : *bètekùr*.

bètovàl ou *bètovô*, ×, Béthonval, commune d'Hernicourt. — Banlieue : *bètovô*.

bètùn ou *bètœn*, ×, Béthune. — Banlieue : *bètœn, bètēn*. — Habitants : *bètùnwà, bètùnwè*.

bùrjwè fòrœ!
n'è fò trèt-sis pùr èn èkàl d'œ[1]!

C'est ainsi que les Béthunois sont fréquemment qualifiés par les campagnards des environs de cette ville. Voir *sè-pòl*, 3.

blàjèrvàl, Blangerval. — Faubourgs et banlieue : *blàjèrvô*.

blèdèk, +, Blandecques.

bòf, +, Boffles.

bòfòr, ×, Beaufort. — Banlieue : *byòfòr*.

bòô, Valhuon. — Voir *vàlùô*.

bòvwà, ×, Beauvois. — Banlieue : *byòvwè*.

bòyàvô, Boyaval. — Voir *bwàyàvàl*.

bònyèr, +, Bonnières.

bònyèr,
bòn èr,
mòvèz jà, bòn tèr[2]!

J'ignore ce qu'il peut y avoir de fondé dans ce dicton.

bùnvil, Buneville. — Voir *bùnvil*.

brìyà ou *brìyô*, ×, Bryas. — Banlieue : *brìyô*.

brìtè, + (à Saint-Pol-ville, concurremment : *brìtèl*), Britel, commune de Bryas.

bròli ou *brùli*, +, Brouilly, commune de Rebreuviette.

brùèy, ×, Bruay. — Banlieue : *brùè*.

bùkwèy, +, Bucquoy.

1. *bùkwèy, è pàl dà k'o bùk.*
2. *à bùkwèy, òn ò tàdì bùkè, è o bùkrò tàdì[3].*

Ces deux dictons ne sont probablement que des jeux de mots, car les habitants de Bucquoy ne paraissent pas être d'humeur plus belliqueuse que ceux des autres localités de l'Artois. Cependant on assure qu'il y a deux

[1] Bourgeois foireux, — N'en faut trente-six pour (valoir) une écale d'œuf! || [2] Bonnières, — Bon air, — Mauvaises gens, bonnes terres! || [3] Bucquoy, le pays où qu'on *buque*. — A Bucquoy, on a toujours *buqué*, et on *buquera* toujours.

siècles, comme ils étaient fort attachés à l'Espagne, ils ne manquaient jamais de *bùkè*[1] très-vaillamment sur les Français, quand l'occasion s'en présentait.

bànvìl, bœ̀nvìl ou *bœnvìl*, ×, Buneville. — Banlieue : *bènvìl*.

bùkmèzõ, Boucquemaison (Somme). — Faubourgs et banlieue : *bùkmàzõ*.

bùlõn, +, Boulogne-sur-Mer. — Habitants : *bùlõnè, bùlnwè*.

bùlõnè ou *bùlnwè*, +, Boulonnais (province). — Habitants : *bùlnìzyè* (vieilli).

bùr, +, Bours. — Les habitants de ce village sont parfois appelés par plaisanterie : *bùrsìkõtyè*.

bùrbùr, Bourbourg (Nord). — Par plaisanterie, on donne parfois le nom de *bùrbùrìkwè* aux habitants de cette ville.

bùrè, +, Bouret-sur-Canche. — Voir *mõ*.

bùdrìkùr, +, Baudricourt.

bwdyàvàl ou *bõyàvàl*, Boyaval. — Faubourgs et banlieue : *bõyàvõ*.

byàlàkùr, Béalencourt. — Faubourgs et banlieue : *byàlèkùr*.

byõfõr, Beaufort. — Voir *bõfõr*.

byõvwè, Beauvois. — Voir *bõvwà*.

sè flàd', +, La Flandre. — Habitants : *flàmà* ou *flàmè*.

sè kõrõ, +, Les Corons, communes de Marles, Auchel, Bully-Grenay. — *kõrõ*, maisons ouvrières construites par les compagnies houillères et louées aux ouvriers mineurs.

sèrkà, Cercamp. — Voir *sèrkà*.

sìlàkùr, Siracourt. — Voir *sìràkùr*.

sèryõn, +, Chérienne (à environ 7 kil. sud d'Hesdin).

slè ou *èslè*, +, Chelers.

dèyè, +, Denier. — Voir *sàr*.

dõtèrvìl, Ostreville. — Voir *õstrèvìl*.

dõtrè, Ostrel. — Voir *õstrèl*.

dùlà ou *dùrlà*, ×, Doullens (Somme). — Banlieue : *dùrlè*.

dwèy, +, Douai (Nord). — *ì pòrt sõ kõm èdz èvàjìl à dwèy*[2]. Se dit de celui qui porte soigneusement, délicatement ou respectueusement dans les mains un objet quelconque. L'origine de ce dicton m'est inconnue.

dyèvàl, Diéval. — Faubourgs et banlieue : *dyèvõ*.

è bàrlè, +, Le Haut-Barlet ou Baillelet, c^mne^ de Bailleul-aux-Cornailles.

è bõ-pàì ou *è' plõ-pàì*[3], +, Le Bas-Artois, pays très-peu élevé au-dessus du niveau de la mer, sans aucune colline et d'un aspect monotone.

---

[1] Frapper. || [2] Il porte cela comme des évangiles à Douai. || [3] Le bas pays, le plat pays.

BIBLIOTHÈQUE NATIONALE IMPRIMÉS

ĕe bwărĕ, +, Le Boirin, autrefois Le Bois-Warin, commune d'Ostreville.

ĕe pàï d' lălœ̀w, +, Le pays de Lallœu. — Ce petit pays comprenait avant la Révolution les quatre paroisses de Sailly-sur-la-Lys, Laventie, Fleurbaix et La Gorgue (cette dernière fait aujourd'hui partie du département du Nord). Ses habitants jouissaient, en vertu d'un Edit du roi donné à Marly en 1731, des privilèges attachés aux personnes nobles et aux ecclésiastiques, pour toute espèce d'impôts. Avant 1671, ils possédaient des privilèges beaucoup plus étendus et ne payaient aucune imposition. — On récolte dans le pays de Lallœu une quantité considérable de cerises, que l'on vient vendre jusqu'à Saint-Pol. Les marchands les échangeaient autrefois contre du vieux fer et des chiffons; pour faire connaître leur passage, ils criaient dans les rues: *làlœ̀w! làlœ̀w! pàr dă vyĭ fèr ĕ dĕ blăk-ĕ lòk![1]*

ĕe plă-pàï, Le Bas-Artois. — Voir *ĕe bă-pàï*.

ĕe tĭ-gòeĕ, +, Le Petit-Gauchin, commune de Gauchin-Verloing. — Voir *ĕl brŭl*.

ĕe tĭ-sè-mĭeĕ, + (à Saint-Pol-ville, concurremment: *ĕe tĭ-sè-mĭeĕl*), Le Petit-Saint-Michel, commune de Saint-Michel.

ĕdĕ, +, Hesdin. — A Œuf-en-Ternois, Willeman, Lenzeux et environs: *ĕdĕ*. — Habitants: *ĕdĭnwă*, *ĕdĭnwĕ*. — Les Montreuillois disent des Hesdinois qu'ils *sŏ d'ĕdĕ... dŏ![2]* En revanche, dit-on, ceux-ci appellent Montreuil *ĕe pàï d' sŏ[3]*. Il est à remarquer qu'une très grande rivalité existe entre les villes d'Hesdin et de Montreuil.

ĕkwăb, +, Ecoivres.

ĕl băsĕy, ×, La Bassée (Nord). — Banlieue: *ĕl băsăe*. — Voir *lăs*.

ĕl brŭl, Le Brûle, commune de Gauchin-Verloing. — Ce hameau se nomme actuellement *ĕ' tĭ-gòeĕ*. Seul, le pont qui sépare le terroir de Gauchin-Verloing de celui de Saint-Pol, est encore appelé le pont du *Brûle*.

ĕl bŭsyĕr, +, La Buissière.

ĕl fărtĕy, ×, La Ferté, commune de Pernes-en-Artois. — Banlieue: *ĕl fărtăe*.

ĕl fòrĕ, +, La Forêt, commune de Saint-Pol. — Ce hameau n'existe que depuis une quarantaine d'années. La principale habitation, — une grande ferme, — y fut construite après le défrichement de *la forêt* de Saint-Pol.

ĕl fŏlĭy, +, La Folie, commune de Croix.

ĕl gòrg, La Gorgue (Nord).

ĕl kătŏw, Le Cateau-Cambrésis (Nord).

---

[1] Lallœu! Lallœu! Pour du vieux fer et des blanches *loques!* || [2] Sont d'Hesdin... donc! (des dindons). || [3] Le pays des sots. — *sŏ* se prend généralement dans le sens de *fou*.

él kãdã, Le Candas (Somme). — Faubourgs et banlieue : *él kãdõ*.

él kénèl, +, Le Quesnel, commune d'Averdoingt.

él kénwèy, + (à Saint-Pol-ville, concurremment : *él kénwã)*, Le Quesnoy.

él kõrwèy, + (à Saint-Pol-ville, concurremment : *él kõrwã)*, Le Cauroy, commune de Berlencourt.

él kõtèy, ×, La Comté. — Banlieue : *él kõtãe*.

él kãlwè, La Thieuloye. — Voir *él tyœ̃lwèy*.

él mõt, +, La Motte, commune de Bailleul-aux-Cornailles. — Habitants : *mõtwé*. — Les Mottois furent autrefois surnommés *sé kãmãrõ* [1], par allusion sans doute à une bande de malfaiteurs qui, à une certaine époque, habitaient le château de La Motte, et se désignaient ainsi entre eux.

él mõjwèy, + (à Saint-Pol-ville, concurremment : *él mõjwã)*, La Montjoie, commune de Sibiville.

él pãnwèy, + (à Saint-Pol-ville, concurremment : *él pãnwã)*, La Pugnoy.

él swé, +, Le Souich.

él tèrnwãz ou *tãrnwãz*, ×, La Ternoise, rivière.

él tèrnwé ou *tãrnwé*, ×, Le Ternois (comté de Saint-Pol). — Habitants : *tãrnézyé* (vieilli).

él tyœ̃lwèy ou *l' tyãlwèy*, × (à Saint-Pol-ville, concurremment : *él tyœ̃lwã)*, La Thieuloye. — Banlieue : *él kãlwèy*. Cette forme est également employée par quelques habitants des faubourgs.

él vèr-tilyœ, ×, Le Vert-Tilleul, commune de Maisnil-lez-Saint-Pol. — Banlieue : *él vèr-tilœ*. — Voir, au mot *bàyœ*, la formulette numéro 2.

élvétí, Laventie. — Voir *lãvãti*.

énõe, +, Hainaut, province.

épéné ou *épéé*, +, Epenchain, commune de Roëllecourt.

érãvèn, +, Haravesnes.

èrbèvãl, ×, Herbeval, commune d'Eps. — Banlieue : *èrbèvõ*.

ès, +, Eps.

èspãn, +, Espagne.

étãp, +, Etaples.

étèr, +, Estaires (Nord).

ébèvil, Sibiville. — Voir *sibèvil*.

ébrèn, Ambrines. — Voir *ãbrin*.

égingãt ou *gingãt*, +, Enguinegatte.

églètèr, *égèltèr*, Angleterre. — Voir *ãglètèr*.

étyœ̃, Antigneul. — Voir *ãtiyœ̃l*

évé, Anvin. — Voir *ãvè*.

---

[1] Camarade, en terme d'argot.

evô, Honval. — Voir *ovàl.*

fàe, Faches (Nord). — *vò vlà ekòr pàrti pàr fàe*[1] ! disait un individu originaire de Lille à une personne qui se fâchait pour un motif futile. — Dicton fort usité dans l'arrondissement de Lille.

fàlàpè, Falempin, commune de Wavrans. — Faubourgs et banlieue : *fàlete.*

fèrfal, +, Ferfay.

fèrve, Frévent. — Voir *frèvà.*

filèkà, +, Filescamp, commune de Lattre-Saint-Quentin. — La forme *firèkà* a dû être employée autrefois; je trouve, en effet, *Firescamp*, dans une « Estimation des Biens ecclésiastiques situés sur les terroirs de Lattre, etc., » (1703).

fiyèv, +, Fillièvres. — Banlieue, concurremment : *fijèv.*

flœrbè, Fleurbaix. — Voir *lavàti.*

fòkebèrj, +, Fauquembergue.

fòrtèl ou *fòrté*, ×, Fortel. — Banlieue : *fòrtè.*

fotàn-lè-bèlà, +, Fontaine-les-Boulans.

frèdvàl, Froideval, commune de Tilly-Capelle. — Faubourgs et banlieue : *frèdvò.*

frèsè, +, Fressin. — A Torcy et environs : *fàrsè, fàrsàe.*

frèvà, × (à Saint-Pol-ville, concurremment : *frèvàj*), Frévent. — Banlieue : *fèrve.* — A Monts-en-Ternois : *fèrve.* — Habitants : *frèvènué* (à Saint-Pol, — peu usité). — Voir au mot *sè-pòl* le dicton n° 2.

fràj, +, Fruges. — Habitants : *fràjué.* — *fràj, de pàï à lue*[2]. — On fabrique dans les environs de Fruges une grande quantité de robinets et de cuillers de bois (*lue*). Les individus qui venaient les vendre à Saint-Pol, criaient jadis dans les rues :

> *dè lue, dè ròbinè!*
> *dè kàeuàr à blàtyè!*
> *èdz òt èd pèsoyè*[3] !

Je n'ai pu savoir s'ils vendaient aussi ces deux derniers objets; cette annonce paraît être un cri traditionnel. Actuellement, les marchands de *lue* qui viennent *s'étaler* sur les marchés de Saint-Pol, se bornent à crier : *dè lue! dè bèl-è lue! dè càprèl!*[4] *dè ròbinè!* — Les cuillers de bois sont aussi nommées, par plaisanterie, des *sèrvis èd fràj*[5].

---

[1] Vous voilà encore partie pour Faches, c'est-à-dire vous vous fâchez à propos de rien. || [2] Le pays à *louches*. || [3] Des *louches*, des robinets! — Des fouets à blatier! — Des hottes de poissonniers! || [4] Cannelle. || [5] Services de Fruges.

fyẻ, +, Fiefs.

gərnovàl ou *gàrnovàl*, Guernonval, commune d'Hestrus. — Faubourgs et banlieue : *gàrnovò, gàrnovò.*

gẽngàt ou *ẽgẽngàt*, +, Enguinegatte.

gẽnkàr, Guinecourt. — Faubourgs et banlieue : *gitẽnkàr, gitẽkàr.*

gõẽ, +, Gauchin-Verloing. — *õ vwẽ byẽ k' t'ẽ d' gõẽ*[1] *!* dit-on à un imbécile, à un maladroit, à un individu un peu *gauche.*

gõẽ-gàl, +, Gauchin-le-Gal.

grã-rõkàr, +, Grand-Rullecourt. — On dit de celui qui est souvent à cours d'argent :

> *Il ẽ tàdi à kàr,*
> *kõm mõsyẽ d' grã-rõkàr*[2].

grènà, Grena, commune de Pommera. — J'entendis un jour un individu d'Etrée-Wamin employer la forme *gərnà ;* peut-être est-elle généralement usitée dans le canton d'Avesnes-le-Comte. — Voir *sẽt-màgrit.*

gwẽ-tèrnà, Gouy-en-Ternois. — Faubourgs et banlieue : *gwẽ-tàrnò.*

gitẽnkàr, Guinecourt. — Voir *gẽnkàr.*

ĝàblẽ, ×, Camblain-l'Abbé, Camblain-Châtelain. — Banlieue : *ĝàblẽ.*

ĝàblĩyəl, Cambligneul. — Faubourgs : *ĝàblĩyə.*

izèl, ×, Izel-les-Hameau. — Banlieue : *izẽ.*

kàlẽ, Calais. — Habitants : *kàlẽzyẽ.*

kànàp, +, Canaples.

kàpẽdà, ×, Capendu, commune de Monchy-Cayeux. — Banlieue : *kàpẽdà.*

kàtèrvòw ou *kàtẽrvòw*, ×, Quatrevaux, commune de Wail.

kàbrẽy, ×, Cambrai (Nord). — Habitants : *kàbẽrlò, kẽbẽrlò.* — On dit de celui qui a le cerveau quelque peu dérangé : *Il õ ẽ kõ d' màrtyò, il àreyẽ d' kàbrẽy*[3]. Les Cambrésiens passent, à tort ou à raison, pour être un peu toqués.

kàpàn, +, Campagne-les-Hesdin.

kàtrẽn, Canteraine, commune de Saint-Pol. — Faubourgs et banlieue : *kàtrãn.* — Voir la formulette au sobriquet *tẽn frãs.*

krẽki, ×, Créquy. — A Torey et environs : *kẽrki.*

---

[1] On voit bien que tu es de Gauchin. || [2] Il est toujours à court, — Comme monsieur de Grand-Rullecourt. || [3] Il a le coup de marteau (c'est-à-dire le cerveau fêlé), il revient de Cambrai.

1. *krėkī, ė' pāī ā lāe.*
2. *krėkī, ė' pāī ā rāmō*[1].

Ce village est entouré de grands bois: on y fabrique des *lāe*, comme à Fruges et, en outre, de grandes quantités de *rāmō d' bāļē*[2].

krėpī, ×, Crépy. — Faubourgs et banlieue : *kėrpī*.

krėjėt × (à Saint-Pol-ville, concurremment : *kruėzėt*), Croisettes. — Banlieue : *kėrjėt*.

kruė, × (à Saint-Pol-ville, concurremment : *kruė*), Croix. — Banlieue : *kluė*.

kūlmō, +, Coullemont.

l'abī-d' nėvīl, +, L'Abbaye-de-Neuville, commune de Bryas.

lābruėy, Labroye.

lāt, +, Lattre-Saint-Quentin.

lāvātī ou *lvātī*, ×, Laventie. — Banlieue : *ėlvėtī*, *lvėtī*. — Laventie était la capitale du petit pays de Lallœu; un ancien dicton, à peu près perdu, le donnait à entendre : *fō dė sāyī pār ė flėrbėy, ė dė flėrbėy pār ė lvātī*[3]. — Voir *ė pāī d' lālėė*.

lādrėsī ou *lādėrsī*, Landrecies (Nord).

lās, Lens. — Faubourgs et banlieue : *lės*. — *vā-t-ė tyė ā lės, t'ārvėdrė pā l' bāsėy*[4]! dit-on à ceux que l'on veut envoyer promener.

lāzėė, +, Lenzeux. — *lāzėė, ė' pāī ā sōrsėī*[5]. Allusion aux sorcières qu'il y avait dans ce village. Leurs descendants y habitent encore un quartier spécial dit : l'*kālānė*. Ces *sōrsėī* faisaient leur sabbat dans *ė' ka d' l'ėpėn*. Voir ce nom aux Lieux-dits.

lībūrg, +, Lisbourg.

līl, +, Lille. — Habitants : *līluė* (à Saint-Pol, concurremment : *līluė*).

līnrėī ou *rėnrėī*, ×, Lignereuil. — Banlieue : *rīnrėī*, *rėnrėī*. — A Manin, Givenchy-le-Noble et environs : *rīyrėī*, *rėdrėī*, *rōdrėī* (entre *rėdrėī* et *rōdrėī*).

lūsėė, +, Lucheux (Somme). — Voir au mot *sō-pōl* le dicton n° 2.

lvātī, *lvėtī*, Laventie. — Voir *lāvātī*.

l'yėėt, +, Eleu, dit L'Eauwette.

mājėr, × (à Saint-Pol-ville, concurremment : *mėzyėr*), Maizières. — Banlieue : *mājėr*.

---

[1] Le pays à *louches*, — le pays à balais. || [2] Balais de bouleau. || [3] Faut deux Sailly pour un Fleurbaix, et deux Fleurbaix pour un Laventie. || [4] Va-t'en chier à Lens, tu reviendras par La Bassée. || [5] Le pays aux sorcières.

mȧjėr,
bėt ė fyėr[1].

On prétend que ce dicton, appliqué à la population de ce village, avait jadis une certaine raison d'être.

mȧnẽ, ×, Manin. — Banlieue : *mȧnȧẽ*.

mėɳĭkȧr, +, Magnicourt-sur-Canche, Magnicourt-en-Comté. — Voir *sȧr*.

mȧrdȧsõ, +, Merdanchon.

mȧrkėy, ×, Marquay. — Banlieue : *mȧrkȧe*, *mȧrkȧy*. — Les habitants de Marquay sont appelés *mȧrkḗzyẽ* par ceux des villages voisins.

mȧrk-ė-brė, +, Marcq-en-Bareuil (Nord).

mȧrkõn, +, Marconne.

mȧrkõnėl, +, Marconnelle. — On dit de deux plaideurs condamnés à payer chacun la moitié des frais du procès : *õ lz ȧ rėvȯyė dȯ ȧ dȯ, kõm sẽ sẽ d' mȧrkõnėl*[2]. Je n'ai pu parvenir à connaître l'origine de ce dicton. — *lõ kõm mȧrkõnėl*. Les maisons de ce village sont presque toutes bâties le long de la route nationale n° 39, laquelle traverse Marconnelle de l'est à l'ouest, sur une longueur de plus de deux kilomètres.

mȧrl, Marles. — Faubourgs et banlieue : *mȧl*.

mȧrȯl, +, Maroilles (Nord).

mȧrȯėl ou *mȧrė*, ×, Mareuil. — Banlieue : *mȧėȯ*.

mėzõsėl ou *mėzõsėl*, ×, Maisoncelles. — Banlieue : *mȧzõsėl*.

mėzyėr, Maizières. — Voir *mȧjėr*.

mėnĭl, ×, Maisnil-lez-Saint-Pol. — Faubourgs et banlieue : *ȧmĭnĭ*.

mėgȯvȧl, Mingoval. — Faubourgs et banlieue : *mėgȯvȯ*.

mȧrtȧn, +, Mortagne, commune de Rebreuve-sur-Canche.

mõ, +, Monts-en-Ternois.

1. *mõ,*
bȯrė ė ȯrtõ,
õ ėtė bȧyė pȧr dėyė ȧ dyȧ,
ė õ-n n'ȧ pȧ kȯr vȯlȧ[3]*!*

Allusion au peu (?) de valeur de ces trois villages et à la pauvreté de leurs habitants, du moins à une certaine époque. Une tradition prétend que ce dicton prit naissance dans un temps, assez reculé du reste, où deux puissants seigneurs avaient conclu un traité de paix. On avait oublié de

[1] Maizières, — Bête et fier. || [2] On les a renvoyés dos à dos, comme les saints de Marconnelle. || [3] Monts, — Bouret et Ourton, — Ont été donnés pour denier à Dieu. — Et on n'en a pas encore voulu !

fixer le sort de Monts, de Bouret et d'Ourton, et les deux parties avaient l'air de dédaigner ces trois villages, dont ils se renvoyaient de l'un à l'autre la possession. Le moins favorisé finit par les accepter, dit-on, à titre de denier à Dieu.

2. *il rsān de kūrè d' mō :*
i kāt é pi sī rèpō[1].

Ou bien :

i fé kom de kūrè d' mō :
i kāt é sī rèpō[2].

Un dicton semblable vise le curé de Pierremont.

mōei-brètō, Monchy-Breton. — Faubourgs et banlieue : *mōei-bārtō.*

mōei-kāyōè ou *mōei-kāyōœ*, +, Monchy-Cayeux. — *mōei, e' pāï d sōreèl*[3]. Il y avait autrefois, paraît-il, des *sōreèl* dans ce village.

mōnèl ou *āmōnèl*, +, Monneville, commune de Bours.

mō-sèt-èlwèy, Mont-Saint-Éloy. — Faubourgs et banlieue : *mō-sèt-lwèy.*

mōtrèl, ×, Montreuil-sur-Mer. — Banlieue : *mōtrè, mōtrè.* — Voir *ēdè.*

nèdōei, + (à Saint-Pol-ville, concurremment : *nèdōeèl*), Nédonchel.

nèlèt, +, Neulette.

ō n'wè n' jē n'bèt
sōrtir ērājé d' nèlèt[4].

Une chapelle dédiée à saint Hubert existait autrefois à Neulette, et les habitants de ce village avaient le privilège de ne pouvoir être atteints de la rage. Ce dicton n'est plus en usage.

nèè, +, Nœux.

nèk, ×, Nuncq. — Banlieue : *nèk, nè.*

ōbiñi, +, Aubigny-en-Artois. — Les habitants d'Aubigny aiment la toilette; ceux d'Avesnes-le-Comte lui préfèrent la bonne chère, si l'on en croit ce dicton, qui n'est plus guère connu :

ōbiñi, bèl māe;
avèn, bèl pāe[5].

ōei-lé-mèdē +, Auchy-lez-Hesdin. — Avant la Révolution, ce village possédait une abbaye de bénédictins.

---

[1] Il ressemble (au) curé de Monts : — Il chante et puis aussi (il) répond. || [2] Il fait comme le curé de Monts : — Il chante et aussi (il) répond. || [3] Le pays aux sorcières. || [4] On ne voit ni gens ni bête — Sortir enragés de Neulette. || [5] Aubigny, belle manche ; — Avesnes, belle panse.

òkmènl, +, Haut-Maisnil.

òksi, Auxi-le-Château. — Voir *òsì-cdtòw*.

òlè, ×, Olhain, commune de Fresnicourt. — Banlieue : *òlà*.

òmèrvàl, Aumerval. — Faubourgs et banlieue : *òmèrvò*.

òmèyàr ou *òmèlàr*, +, Le Meillard (Somme).

ò-pō ou *l'ò-pō*, +, Le Haut-Pont, faubourg de Saint-Omer. — Habitants : *òpōnwè*. — Les Hautponnais ont religieusement conservé l'ancien idiome et les usages du pays flamand. — Voir *cèz òpōnwè* (aux Sobriquets).

òrklòk, Hauteclocque. — Voir *òtklòk*.

òrlàkòr, Orlencourt, commune de Monchy-Breton. — Banlieue : *òrlèkòr*.

òsì-cdtòw, +, Auxi-le-Château. — On dit également *òksi*, mais dans ce cas, ce nom n'est pas suivi du qualificatif *cdtòw*. — Voir au mot *sè-pòl* le dicton n° 2.

òstrèl, Ostrel. — Faubourgs et banlieue : *dòtrè*. — On nomme ainsi la partie sud-est du village d'Ostreville.

òstrèvìl, Ostreville. — Faubourgs et banlieue : *dòtèrvìl*.

òtèkòt, +, Hautecôte.

òtklòk, +, Hauteclocque. — Un grand nombre de personnes emploient la forme *òrklòk*.

òvàl, Houval, commune de Rebreuve-sur-Canche. — Banlieue : *òvò*, *èvò*.

òf ou *ò*, ×, Œuf-en-Ternois. — Banlieue : *ò*.

òklìè ou *àklìè*, +, Hucliers.

òmròl, Humereuil. — Voir *òmròl*.

òmyèr, Humières. — Voir *òmyèr*.

pàrì, ×, Paris. — Banlieue : *pàrì*. — Habitants : *pàrìzyè* (Banlieue : *pàrìzyè*). — Les enfants assistés de la Seine, élevés dans notre province, sont aussi désignés sous le nom de *pàrìzyè*.

pèrn, +, Pernes-en-Artois. — Avant la Révolution, chacune des villes de l'Artois était représentée, aux Etats de cette province, par plusieurs députés, à l'exception de celle de Pernes, qui n'en envoyait qu'un. Un jour, par erreur, à l'ouverture des Etats, le secrétaire de cette assemblée appela : « *Les* députés de Pernes ! » Et, selon la tradition répandue dans le pays, l'élu de cette ville répondit : *ò n' sòm k'à k'œ!* D'où ce dicton : *ò n' sòm k'à k'œ, kòm cè dèpùtè d' pèrn*[1]. — Voir au mot *sè-pòl* le dicton n° 2.

La foire de mai, à Pernes, est appelée : *èl fèt à bèl-è fìl è pì à lèd-è vàk*[2]. A cette époque de l'année, les ouvrières des champs n'ont pas encore le teint *bìzì*[3] par les ardeurs du soleil, et les vaches sont généralement efflan-

---

[1] Nous ne sommes *qu'à* qu'un, comme les députés de Pernes. || [2] La *fête* (foire) à belles filles et puis à laides vaches. || [3] Hâlé.

quées, par suite de la nourriture peu convenable qu'elles reçoivent en hiver. Par le motif contraire, la foire d'octobre est dite : *ĕl fĕt à bèl-ĕ vàk ĕ pt à lèd-ĕ fĭl.* — Les foires de mars et de novembre, à Saint-Pol, sont parfois qualifiées de la même manière.

plĕmŏjŏ, Plumoison (aux environs de ce village).

pŏmrà, Pommera. — Voir *sĕt-màgrĭt*.

prĕsĭ, ✕, Pressy. — Banlieue : *pĕrsĭ*, *pĕrsĭ*.

prŏnĕy, ✕, Pronay, c^ne de Ramecourt. — Banlieue : *prŏnàs*, *prŏnày*.

1. *à prŏnĕy, sàr ĕn sŏw.*

Avant la construction de la route qui traverse ce hameau, il n'y avait pour chemin que le lit souvent à sec du ruisseau qui l'arrose. Or, quand il coulait, on était obligé, pour aller à pied à Pronay, de *mŏtĕ à rĕdyŏw*[1], c'est-à-dire de marcher comme on pouvait sur la déclivité de l'un ou l'autre des talus de ce chemin, qui était fort encaissé. Ces talus étaient plantés de *sàlĕy*[2], auxquelles on se tenait pour avancer plus sûrement. D'où ce dicton, par lequel on répond ironiquement à celui qui manifeste l'intention de faire une promenade fatigante ou malaisée : *dwĕ, t'ĭrà..., à prŏnĕy, sàr ĕn sŏw*[3].

2. *sĕ sŏvàj ĕd prŏnĕy.*

Allusion à l'humeur un peu farouche des Pronaisiens d'autrefois.

3. *Il ĕ d' prŏnĕy. — Il ărĕyĕ d' prŏnĕy*[5].

Se dit de ceux qui sont intimidés ou déconcertés par les questions qu'on leur pose, ou dont les idées sont embrouillées, confuses et surtout un peu niaises. — Ces deux dictons font allusion à la réputation de lourdeur et de sauvagerie dont jouissent les habitants de Pronay. On voit que, chez nous, ce hameau est mis au même rang que Pontoise et Tourcoing.

pyĕrmŏ, -|-, Pierremont.

Il àrsàn ĕ kàrĕ d' pyĕrmŏ :
ĭ kàt ĕ pĭ ĭ rĕpà[6].

Voir *mŏ*, 2. — Les curés de ces deux villages n'avaient peut-être pas de chantre ; ou bien la rime seule a-t-elle inspiré ces deux dictons?

Les Pierremontois avaient jadis la réputation d'être des *bàtyàr*[7].

ràmkàr, -|-, Ramecourt.

1. *ràmkàr, ĕ trŏ à ràn*[8].

[1] Monter aux rideaux. || [2] Têtard de saule. || [3] Oui, tu iras..., à Pronay, sur un saule (*sŏw* est ici employé dans l'acception de têtard ou *sàlĕy*). || [4] Les sauvages de Pronay. || [5] Il est de Pronay. — Il revient de Pronay. || [6] Il ressemble le curé de Pierremont : — Il chante et puis aussi il répond. || [7] Batailleurs, querelleurs. || [8] Le trou aux grenouilles.

Allusion à la grande quantité de grenouilles qui s'y montraient après les pluies.

2. *sè sàrpē d' rāmkàr*[1].

Les Herlinois appelaient ainsi autrefois les habitants de Ramecourt, qui étaient, paraît-il, plus méchants qu'eux. Ce dicton n'est plus usité.

rāsàr, Ransart. — *Il ē katòrz ör, s'ē l' midi d' rāsàr*[2]. On ignore l'origine de ce dicton.

rēbōvàl, Rimboval. — A Torcy et environs : *rēbōvò*.

rēdrèl, rēnrèl, Lignereuil. — Voir *lïnrèl*.

rïkāmé, +, Fouflin-Ricametz. — Le nom de Fouflin n'est jamais employé.

ròkàr-ā-l'yōw, +, Rocourt-en-l'Eau, commune de Magnicourt-en-Comté.

ròkàr-sē-lòrē, + (à Saint-Pol-ville, concurremment : *ròkàr-sè-lòrā)*, Rocourt-Saint-Laurent, commune de Roëllecourt. — Est aussi appelé *ròkàr-ó-bò*, Rocourt-au-Bois.

ròlākàr, Rollencourt. — Faubourgs et banlieue : *ròlèkàr*.

ròpò, + (à Saint-Pol-ville, concurremment : *ròlpò)*, Rollepòt.

ròzmò, +, Rosemont, commune de Saint-Pol.

rùbèy, +, Roubaix (Nord).

rùjfàï, +, Rougefay.

rwèyō, Royon. — A Torcy et environs : *ròyō*.

rwèlkàr ou *rwàlkàr*, +, Roëllecourt.

sàmè, +, Samer.

sàr, +, Sars-le-Bois.

sàr-lè-bwà, sàr-lē-bèt.

Si l'on en croit les populations voisines, ce dicton a une certaine raison d'être. — Variante communiquée par une personne originaire de Magnicourt-sur-Canche :

sàr lē bèt, māyïkàr lè: èbèsïl, dèyē sā klòkè.

sàyï, Sailly-sur-la-Lys.

sèrkā, ×, Cercamp, c^ne de Frévent. — Faubourgs et banlieue : *sèrkā*.

sè, ×, Sains-lez-Pernes; Sains-lez-Hautecloque, commune d'Hautecloque. — Banlieue : *sè*.

sè, s' pàï d' sò[3].

Dicton appliqué parfois au village de Sains-lez-Pernes. J'ignore s'il a sa raison d'être.

[1] Les serpents de Ramecourt. || [2] Il est quatorze heures, c'est le midi de Ransart. || [3] Le pays des sots (*sò*, dans le sens de fou).

sẽ-kẽtẽ, Saint-Quentin (Aisne).

sẽ-lâd', -|-, Saint-Ladre, commune de Ramecourt. — La ferme de Saint-Ladre, appartenant à l'hospice de Saint-Pol, est bâtie sur l'emplacement d'une ancienne *maladrerie*.

sẽ-lõrã, ✕, Saint-Laurent-Blangy. — Banlieue : *sẽ-lõrẽ*.

sẽ-màrtẽ, ✕, Saint-Martin-Glise (ou Eglise), commune d'Hernicourt. — Banlieue : *sẽ-màrtẽ*. — La partie du village de Saint-Michel avoisinant le château, est aussi appelée Saint-Martin.

sẽ-mîcèl ou *sẽ-mîcé*, ✕, Saint-Michel. — Banlieue : *sẽ-mîcé*. — Habitants : *sẽ-miclẽ*, appellation peu usitée toutefois.

sẽ-pòl ou *sẽ-pò*, ✕, Saint-Pol-sur-Ternoise. — Banlieue : *sẽ-pò*. — Habitants : *sẽ-pòlwã*, *sẽ-pòlwẽ* (Banlieue : *sẽ-pòlẽ*).

1. *ẽs trõ d' sẽ-pò*[1].

Allusion à la situation de cette ville dans une vallée profonde, sur le bord de la Ternoise. Beaucoup de localités sont d'ailleurs dans le même cas. — On dit aussi que Saint-Pol est *l' pò d' cãp* du Pas-de-Calais, sans doute parce que les eaux de toutes les collines voisines y descendent.

2. *sẽ-pò, pèrn ẽ lùcõ*,
c'ẽ trwẽ fòs à vòlõ[2].

On ajoute parfois :

òksí,
òsí,
ẽ frẽvã,
tòt òtã[3]

Ce sont très-probablement les droits nombreux qu'on percevait autrefois à l'entrée de Saint-Pol, de Pernes et de Lucheux, qui ont donné naissance à ce dicton.

3. *cẽ fòrõ d' sẽ-pò*[4].

Les campagnards désignent ainsi les habitants de Saint-Pol, comme aussi d'ailleurs, ceux de n'importe quelle ville (*cẽ fòrõ d'àrã*[5]. — Voir au mot *bẽtõn*). Est-ce une accusation de poltronnerie? — Par contre, les Saint-Polois appellent les campagnards :

pàízã d' blã bòr,
kí mẽj dù brẽ pàr dẽl kòfitùr[6]!

---

[1] Ce (le) trou de Saint-Pol. || [2] Saint-Pol, Pernes et Lucheux, — C'est trois fosses à voleurs (Variante : *trwẽ trõ*, — trois trous). || [3] Auxi — Aussi, — Et Frévent — Tout autant. || [4] Les foireux de Saint-Pol. || [5] Les foireux d'Arras. || [6] Paysan de blanc beurre, — Qui mange du *bren* pour de la confiture!

sẽ-rîkẽ, +, Saint-Riquier (Somme).

sẽt-mdgrît ou plus rarement *pômrà*, +, Pommera, nommé également Pommera-Sainte-Margaerite — « Une ferme de Pommera avait pris le nom de Sainte Marguerite, parce qu'une statue de cette sainte y avait été placée, soit dans une niche, ou contre un arbre, ou dans une petite chapelle. La pieuse vénération qui y était attachée dans le pays, et la confiance qu'elle inspirait aux femmes enceintes qui allaient ou envoyaient prier aux pieds de cette image, y déterminèrent l'érection d'une plus vaste chapelle. Celle-ci devint un lieu de pélerinage, et *Pommera* prit le nom de sa patronne au point qu'il ne fut plus connu que sous la dénomination de *Sainte-Marguerite* » (*Dictionnaire historique du Pas-de-Calais*).

à pômrà lẽ frûî, à grènà lẽ grẽ.

Allusion aux produits principaux de ces deux localités.

sẽt-ômèr, ×, Saint-Omer. — Banlieue : *sẽt-ômẽ*. — Habitants : *sẽt-ômèryẽ* (appellation peu usitée).

sẽ-vàlri, Saint-Valéry (Somme).

sibèvîl, ×, Sibiville. — Banlieue : *sibèvîl*, *ẽtbèvîl*, *tbèvîl*.

sibèvîl, ẽe trõ â kàyõw[1].

Allusion à la grande quantité de *kàyõ kõrnü*[2] qu'on y trouve. Sibiville est situé au fond d'une vallée sèche, profonde et très étroite.

siràkõr, Siracourt. — Faubourgs et banlieue : *cìràkõr*, *cìlàkõr*.

sàbrâî (?), Salperwick, près Saint-Omer.

sõbrẽ, +, Sombrin.

sõbrẽ, e' pàî â cõrcèl[3].

Il y avait autrefois, dit-on, des *cõrcèl* dans ce village.

sü-sẽ-tjẽ, +, Sus-Saint-Léger.

tàlmàr, ×, Talmas (Somme).

tèrnà, Ternas. — Faubourgs et banlieue : *tàrnó*, *tàrnó*.

tît-üvẽ, +, Petit-Houvin, commune d'Hauteclocque.

tìyî-kàpèl, ×, Tilly-Capelle. — Banlieue : *tìlî-kàpèl*. — Les habitants des villages voisins appellent Tilly-Capelle : *ẽe trõ â rãu*, et aussi *e' pàî â cõrcèl*.

tõrsî, Torcy. — A Torcy et environs : *tõrcî*.

trwàvõw ou *trèvõw*, ×, Troisvaux. — Banlieue : *trèvõw*.

tùrkwẽ, +, Tourcoing. — Cette ville jouit, comme Pontoise et Pronay, d'une réputation de béotisme qui n'est plus justifiée aujourd'hui.

ükẽyẽ ou *ükèlẽ*, +, Hucqueliers.

---

[1] Le trou à cailloux. || [2] Cailloux cornus (silex). || [3] Le pays aux sorcières.

ùklié ou *ùklié*, -|-, Huclier.

ùlù, -|-, Hulluch.

ùmlul, Maisnil-lez-Saint-Pol. — Voir *mènil*.

ùmrèl, ×, Humereuil. — Banlieue : *ùmrèl*.

ùmyèr, Humières. — Faubourgs et banlieue : *ùmyèr*.

ùdè, ×, Houdain. — Banlieue : *ùdè*.

ùrtò, -|-, Ourton. — Voir *mò*.

ùvè, ×, Houvin-Houvigneul. — Banlieue : *ùvè*.

ùvìyòl, Houvigneul, commune d'Houvin-Houvigneul. — Faubourgs et banlieue : *ùvìyò*.

ùpi, -|-, Oppy, commune de Baudricourt.

vàkri, -|-, Vacquerie-le-Boucq.

vàkrièt, -|-, Vacqueriette.

vàlàtè, Le Valentin, commune de Wail. — Banlieue : *vàlètè*.

vàlùò, -|-, Valhuon. — Les vieillards de ce village et des environs le nomment *bùò*. — *Boom, dit le Valhuon* (*Carte d'Artois*, de G. de l'Isle. 1745; *Atlas national de 1791*).

vèrdrè, Verdrel, commune de Fresnicourt. — Usité dans le sud-ouest de l'arrondissement de Béthune. — Voici une formulette que les enfants de Verquin récitent; Verdrel y est cité :

àgàc, àgàc èd vèrdrè,
àl à tròvè sè ni dèfè :
àl à dmàdè èki k' c' ètè.
c'ètè mi !
à m'à àpèlè ròbè pùri.
àtè, àtè jùsk'àprè pàk !
è jè mètrè mè vèrd'-è kòc,
mè sòlè à klìk-tàlò ;
j'irè dèkùvrìr èt màzò
jùsk'à l' dàryè plòyò[1].

vìlmà, -|-, Willeman.

vìyàkòr, -|-, Wignacourt, commune de Croisettes; Wignacourt (Somme).

cè kòtèrbèdyè d' vìyàkòr. — c' pàì à kòtèrbèdyè[2].

---

[1] *Agache, agache* de Verdrel, — Elle a trouvé son nid défait; — Elle a demandé qui que c'était. — C'était moi! — Elle m'a appelé Robin pourri. — Attends, attends jusqu'après Pâques! — Et je mettrai mes verts bas, — Mes souliers à *clique-talon;* — J'irai découvrir ta maison — Jusqu'au dernier *ployon* (*àgàc*, pie; — soulier à *klìk-tàlò*, dont le quartier est replié sous le talon; — *plòyò*, bâton pliant employé dans la construction des toits de paille). || [2] Les contrebandiers de Wignacourt. — Le pays à contrebandiers.

Une grande partie des habitants de Wignacourt (Somme) exercent la *profession* (?) de contrebandier. Ils vont, montés sur de grands chevaux, isolés ou en bande, acheter des tabacs belges, ou en feuilles, ou de première zône, pour les revendre avec bénéfice en Picardie.

wăkămĕ, -|-, Watieumetz ou Waquemetz, commune de Saint-Michel. — On dit aussi *el ăp dă kămĕ*, à cause d'un hêtre énorme planté au coin d'un rideau, sur le bord des champs de Watieumetz. Cet arbre fut abattu il y a plus de cinquante ans.

wăl. +, Wail.

wăktĕ. Wanquetin. — Une grande partie des habitants de ce village pratiquent la religion réformée et sont qualifiés de *ă-kăpyŏe*, comme ceux d'Habarcq. Voir *ăbăr*.

V. LIEUX DITS

A la dénomination populaire[1], patoise ou française, de chaque lieu dit, je joins :

1° Le nom de la commune sur le terroir de laquelle il se trouve :

2° La forme *officielle* du lieu dit, avec l'orthographe adoptée dans les actes, les affiches, etc., ou sur le plan cadastral de la commune. Lorsque cette forme officielle manque, je la remplace par une traduction (*en italique*) la plus exacte possible ;

3° L'origine du lieu dit. Cette mention n'en accompagnera qu'un petit nombre : il est, en effet, assez difficile de trouver le pourquoi de ces dénominations, les gens qu'on interroge à ce sujet répondant presque toujours : *ōn ŏ tădĭ dĭ kōm sŏ ; — ō-l l'ŏ tădĭ ăpĕlĕ kōm sŏ*[2].

ăsămĕ (Bours). — Le Chanetz.

ă sărtălĕ (Averdoingt). — Le Chatouillé.

ă kălĕ (Pernes-en-Artois). — Le Calais.

ă l' kărnwă (Pernes-en-Artois). — La Carnoye.

ĕ' bĕk d'ănĕt (Floringhem). — Le Bec d'Anette.

ĕ' blă-pĕy (Maizières) — Le Blanc-pain.

ĕ' blă-ryĕ (Averdoingt). — Le Blanc Rietz. — Même lieu dit à Bailleul-lez-Pernes.

---

[1] Transcrite en patois de la commune où est situé le lieu dit. || [2] On a toujours dit comme cela ; — on l'a toujours appelé comme cela.

c' bô dèl mòt (Bailleul-aux-Cornailles). — Le Bois de la Motte. Défriché depuis une trentaine d'années.

c' bô d' làlèn (Ternas). — Le Bois d'Allenne.

c' bô d' mwèn (Beauvois). — Le Bois des Moines.

c' bô kòtô (Marquay). — Le Bois Contaux.

c' bô pègèrlè (Marest). — Le Bois Pingrelin.

cè bàrbàkàn (Sibiville). — Les Barbacannes. Collines escarpées[1].

cè bàrjèl (Roëllecourt). — Les Bargelles.

cè bàrjìl (Ligny-Saint-Flochel; — Marquay). — Les Bargilles.

cè bàrzìl (Saint-Michel). — Les Brezilles.

cè blàk (Bailleul-aux-Cornailles). — Les Blanques.

cè blàkìrìy (Pernes-en-Artois). — La Blanchisserie.

cè blà-lèçè (Œuf-en-Ternois). Les Blancs Linceuils.

cè blà-mõ (Saint-Pol). — Les Blancs-Monts. Partie du bois de la Ville; terrain crayeux et en côte.

c' bùcõ krìtòf (Maizières). — Le Buisson Christophe.

c' bùlè (Pernes-en-Artois). — Le Bouillet[2].

cè byèf (Berles-Monchel). — Les Biefs. — Terrains *byèfèù*[3].

cè bzàc (Ligny-Saint-Flochel). — La Besace. Champ de forme irrégulière figurant vaguement une *besace*.

cè càpè (Saint-Michel). — Les Sapins. Partie du bois de Saint-Michel plantée d'arbres résineux.

cè cèk (Œuf-en-Ternois). — Les Cinq. Pièce de terre de la contenance de cinq *mesures*[4].

cè dìj (Saint-Pol; — Œuf-en-Ternois; — Ligny-Saint-Flochel). — Les Dix. Pièces de terre contenant dix *mesures*.

cè dìj-ùìt (Saint-Pol). — Les Dix-Huit. Pièce de terre de dix-huit *mesures*.

cè dìmèrõ (Conchy-sur-Canche). — Les Dimerons.

cè dìs-sèt (Monts-en-Ternois). — Les Dix-Sept. Pièce de terre contenant dix-sept mesures.

cè fàjèkô (Valhuon). — Les Flagencots.

cè flàyèô (Croix). — Les Flahaats. Ce nom vient, paraît-il, de la forme des pièces de terre composant ce canton : elles sont toutes très-longues et fort étroites; *c'è kòm dè flàyè*[5].

---

[1] *bàrbàkàn*, colline escarpée, presque à pic. || [2] *bùlè*, bouleau. || [3] *byèfèù*, — à Saint-Pol : *byèrèù*, — se dit d'un terrain où le *byèf* domine. — *byèf*, terre argileuse, compacte et collante, souvent mélangée de silex. || [4] La *mesure* (*mèzùr*, *mzùr*) contient 42 ares 91 centiares. || [5] *flàyè*, fléau à battre.

cẽ fȯr (Sains-lez-Hautecloque). — *Les Forts.* Sortes de retranchements de forme ovale qui se remarquent dans le bois de Sains.

cẽ fȯràtyėȯu (Valhuon). — Les Foratiaux.

cẽ fȯrtyėȯu (Guinecourt : — Lenzeux). — Les Fortiaux ou Forétiaux.

cẽ fȯs à kàlėȯu (Saint-Michel). — Les Fosses à Cailloux. Terres contenant beaucoup de silex. — Même lieu dit à Marquay.

cẽ fȯs à lȯu (Croisettes). — Le Fossé à Loups. Ravin profond et en partie boisé. — A Marquay : *cẽ fȯs à lȯu*, Les Fosses à Loups.

cẽ fȯs flȯcẽ (Ligny-Saint-Flochel). — La Fosse Flochel. Pièce de terre située du côté de Roëllecourt, où, selon la légende, fut trouvé le corps de Saint-Flochel.

cẽ fȯsẽ kàyû (Gauchin-Verloing). — Le Fossé Cagnu. Ravin dont les talus sont en partie crayeux[1].

cẽ fȯsẽ kȯrnàl (Roëllecourt). — Les Fossés Cornailles.

cẽ fõ (Saint-Pol; — Saint-Michel). — Les Fonds ou les Fonds-Viviers. Promenade et jardins le long de la Ternoise.

cẽ fõ d'ȯtklȯk (Hautecloque). — *Le Fond d'Hautecloque.* Endroit traversé par la route de Saint-Pol à Doullens, et en partie boisé. C'était jadis un lieu redouté des voyageurs, qui craignaient toujours d'y être dévalisés. On le nomme aussi *cẽ põ d'ȯtklȯk*, à cause d'un petit pont qui s'y trouve.

cẽ fõtinẽt (Saint-Michel). — Les Fontinettes. Petites sources d'eau vive formant un ruisseau qui se jette dans la Ternoise au *Petit-Marais.*

cẽ frẽmyėõ (Siracourt). — Le Frémion[2].

cẽ gàlȯf (Hucliers). — Les Galaffes.

cẽ gàltwȧr (Denier). — Les Galletoires. Il y a, je crois, dans les terres de ce canton, une assez grande quantité de petits *galets*[3].

cẽ gàrdẽ-bȧ (Saint-Pol). — *Les Jardins-Bas*, au sud du faubourg d'Aire; ils étaient autrefois nommés : les Fonds-Viviers de Verloing.

cẽ gàrímẽl (Magnicourt-en-Comté). — Les Garimelles. Les terres composant ce canton ne sont, en effet, que des *gàrímẽl*[4].

cẽ gȯcẽt (Hernicourt). — Les Gauchettes.

cẽ grà-fȯsẽ (Ramecourt). — Les Grands-Fossés. Ravin profond d'une assez longue étendue.

cẽ grà-sȧr (Lenzeux). — Les Grands-Sarts.

cẽ kàfàlȯj (Rebreuviette). — Les Cafouillages.

cẽ kàlėȯu (Ligny-Saint-Flochel). — Les Cailloux. Terrains remplis de pierres.

---

[1] *kàyû*, chenu. ‖ [2] *frẽmyėõ*, — à Saint-Pol : *frẽmyõ*, — fourmi. Peut-être y a-t-il dans ce canton une grande quantité de ces insectes. ‖ [3] *gàltẽ*, rouler. ‖ [4] Mauvaises terres de nature crayeuse.

cé kàprì (Bours). — Les Capris.

cé kàrãt (Saint-Pol; — Saint-Michel). — Les Quarante. Etaient autrefois d'une seule pièce contenant quarante *mesures*. — A Bailleul-aux-Cornailles : ***cé kàrãt***.

cé kàt (Saint-Pol). — Les Quatre. Pièce de terre de quatre *mesures*.

cé kàtèr vẽ (Caublain-l'Abbé). — Les Quatre-Vents. Terrain élevé, exposé à tous les vents.

cé kàtòr (Saint-Michel). — Les Quatorze. Pièce de terre contenant quatorze *mesures*.

cé kã-blã (Bouret-sur-Canche). — Les Champs-Blancs. A cause de la nature crayeuse du terrain.

cé kã kàpriè*l** (Saint-Pol). — ***Les Champs Capriel. Ces champs sont situés près du ***fõ d' cé kàdyèr***[1], où les ***sòrcèl***[2] faisaient jadis leur sabbat[3].

cé kã màdàm (Marquay). — Les Champs Madame.

cé kẽ (Ligny-Saint-Flochel; — Œuf-en-Ternois). — Les Quinze. Pièces de terre d'une contenance de quinze *mesures*.

cé kòdyèr (Ligny-Saint-Flochel). — Les Chaudières.

cé kòklé (Pressy; — Tangry). — Les Coquelets. Peut-être les terres de ce canton sont-elles infestées de ***kòklé***[4].

cé kòrnìlé (Beauvois). — Les Cornilliers.

cé krèœ (Torcy; — Royon). — Les Creuées. Prairies situées dans la partie la plus ***basse*** de la vallée de la Créquoise.

cé kròjèt (Bryas; — Beauvois; — Gauchin-Verloing; — Hernicourt; — Œuf-en-Ternois; — Ramecourt; — Saint-Martin-Glise (Wavrans), etc). — Les Croisettes. Lorsque l'on amène à l'église le corps d'une personne décédée dans un hameau ou dans une section éloignée du centre de la paroisse, il est d'usage de planter une petite croix de bois à l'endroit où le chemin du hameau se joint à la rue principale du village. Ces réunions de petites croix, ou ***kròjèt***, se rencontrent dans un grand nombre de communes.

cé krũp (Floringhem). — Les Crupes[5].

cé krũpèt (Ferfay). — Les Crupettes[6].

cé krwé (Bours). — Les Croix.

cé kùlòt (Denier). — Les Culottes.

cé kùrtijò (Aumerval). — Les Courtiseaux.

cé kùrtìlàj (Œuf-en-Ternois). — Les Courtillages[7].

cé lãblẽ (Averdoingt). — Les Héromblins. — Partie des bois d'Averdoingt.

---

[1] Voir ce lieu dit. || [2] Sorcières. || [3] *Capra*, chèvre. || [4] Coquelicots. || [5] ***krũp***, partie élevée d'un terrain en dos-d'âne. || [6] ***krũpèt***, petite *crupe*. || [7] ***kùrtìlàj***, jardin potager.

cẻ lĩn (Hauteville). — Les Lignes. Ce nom rappelle les lignes fortifiées que le maréchal de Villars fit construire par son armée, en 1710, depuis Oppy jusqu'à Menteneseourt. Elles sont encore figurées sur la carte d'Artois de G. de l'Isle (1745).

cẻl grãd' mãļẻr (Pronay, c^ne de Ramecourt). — *La Grande Marnière.*

cẻ līvwẻ (Beauvois; — Œuf-en-Ternois). — Les Livois.

cẻl mãļẻr (Ramecourt). — *La Marnière.* Colline crayeuse dans le parc du château de Ramecourt.

cẻl mẻzūrẻt (Saint-Michel). — *La Mesurette.* Pièce de terre n'ayant de contenance qu'õn tĩt mẻzũr[1].

cẻ lõbũ (Averdoingt). — Les Hérombus. Bois.

cẻ lõbyẻ (Averdoingt). — Les Hérombiers. Bois.

cẻ lõg mẻzũr (Floringhem). — Les Longues Mesures. Pièces de terre de forme allongée.

cẻ lõmĩyẻ (Œuf-en-Ternois). — Les Lominiers.

cẻ mãļẻr (Saint-Pol; — Nuncq). — Les Marnières. Terres à sous-sol marneux.

cẻ mãrkwẻ (Beauvois). — Les Marquois.

cẻ mãrlẻt (Saint-Pol; — Saint-Michel). — *Les Marnettes.* Côte à sous-sol crayeux, situé sur la rive droite de la Ternoise, à l'exposition du sud. On y récolte le meilleur tabac des environs, dit *tãbãk ẻd mãrlẻt*[2].

cẻ mãrõn (Œuf-en-Ternois). — Les Maronnes.

cẻ mãrwẻl (Saint-Pol). — Les Maroilles. Domaine situé à la sortie de Saint-Pol (faubourg d'Arras), au commencement des *mãrlẻt.* Voir ce mot.

cẻ mõlẽ (Saint-Pol). — *Les Moulins.* Il existait autrefois en cet endroit trois moulins à vent, *ũ ãl frẻn ẻ dẻ a l'õl*[3].

cẻ mõlĩnẻw (Lenzeux). — Les Molineaux.

cẻ mõt (Diéval). — Les Mottes.

cẻ mõtãn (Ramecourt). — Les Montagnes. Terrains en côte très élevée, en partie boisés. — Même lieu dit à Sibiville.

cẻ mõtãn frãp (Gauchin-Verloing). — *Les Montagnes Frape.* Terrains en côte; à leur pied sont construites plusieurs *bãyõl*[4], dans l'une desquelles demeurait autrefois un individu connu sous le surnom de *frãp.*

cẻ mõtĩfẻw[5] (Gauchin-Verloing). — Les Montifaux.

cẻ mõtĩyẻ (Flers). — Les Montignies.

---

[1] Une petite *mesure*, un peu moins que 42 ares 91 centiares. ‖ [2] Tabac de *marnette.* ‖ [3] Un à la farine et deux à l'huile. ‖ [4] Maison délabrée, d'aspect misérable; par extension, petite maison de peu de valeur. ‖ [5] A Saint-Pol : *cẻ mõtĩfõw.*

cé mòtwé (Beauvois). — Les Montois.

cé mérò (Lattre-Saint-Quentin). — Les Meurons. Il y pousse, je crois, beaucoup de *mérò*[1].

cé mzür à bèrzil (Saint-Michel). Les Mesures à Berzilles.

cé nöf (Saint-Pol; — Herlin-le-Sec; — Œuf-en-Ternois). — Pièces de terre de la contenance de neuf *mesures*.

cé nwàr kä (Rollencourt). — Les Noirs Champs.

cé ò: (Œuf-en-Ternois). — Pièce contenant onze *mesures*.

cé pàrèl (Marquay). — Les Parelles. On trouve dans ce canton une assez grande quantité de *pàrèl*[2].

cé pàtè (Blangermont). — Les Pâtés.

cé pàtürèt (Ramecourt). — Les *Paturettes*. Ce sont plusieurs *petites pâtures* contiguës, situées le long du ruisseau de Ramecourt, au bas d' *cé mòtän*.

cé plèw (Bours). — Les Plans.

cé plisè ou *cé pulisè* (Valhuon). — Les Poulissets.

cé prè kàrdò (Bours). — Les Prés Cardon.

cé prèl (Marquay). — Les Presles. — Mauvaises terres[3].

cé prè ò (Beauvois). — Les Prés Hauts ou les Préaulx.

cé prèzàdàl (Croisettes; — Héricourt). — Les Pressandars.

cé ràmònèt[4] (Hucliers; — Bours). — Les Ramonettes.

cé ròbèrvò ou *c' fò d' ròbèrvò* (Ligny-Saint-Flochel). — Les Robertvaux. C'était en cet endroit, dit-on, que les *cörcèl*[5] d'Averdoing venaient faire leur sabbat.

cé sàblòyèr (Humereuil). — Les Sablonnières.

cé sàr (Ramecourt; — Fillièvres). — Les Sarts. — A Floringhem : *cé sàr*. Les Sarres.

cé sèt (Saint-Pol). — Les Sept. Champ de sept *mesures*.

cé sèt à grè (Œuf-en-Ternois) — Les Sept à Grès. Pièce de terre contenant sept *mesures*, dans laquelle on trouve souvent des blocs ou rognons de grès.

cé sèt d'è bò (Saint-Pol). — Les Sept d'En Bas. Partie du Bois de la Ville. Il y a aussi *cé sèt d'è ò*, les Sept d'En Haut (à la suite des Blancs-Monts, sur le même versant).

cé si kàrtyè (Saint-Michel). — Les Six Quartiers. Petit bois de la contenance d'une *mesure* et demie[6], enclavé dans le bois de la Ville (Saint-Pol).

cé sis (Saint-Pol). — Les Six. Champ de six *mesures*.

---

[1] Mûre sauvage. || [2] Rumex crispus et pratensis. || [3] *prèl*, terre de peu de valeur, ne produisant que de maigres récoltes. || [4] Genista scoparia. || [5] Sorcières. || [6] *kàrtyè* = le quart d'une *mesure*.

cẽ sœ̀rèt (Humières). — Les Sœurettes. Terres qui sans doute ont appartenu à une communauté quelconque de femmes[1].

cẽ tèrèt (Eclimeux). — Les Terrettes. Terres de peu de rapport[2].

cẽ tèr nœ̀vẽ (Saint-Pol). — Les Terres Neuves. Elles sont situées sur l'emplacement du bois de Calimont, qui fut, je crois, le premier bois défriché dans les environs de Saint-Pol. Ce canton est aussi appelé : ***c' bọ̃ d' kàlĩmọ̃.***

cẽ tèr pọ̃tyẽ (Averdoingt). — Les Terres Poteresses. A cause de la nature du sol.

cẽ tẽplĩẽ (Hauteclocque). — Les Templiers. Peut-être les terres composant ce canton ont-elles appartenu aux chevaliers du Temple.

cẽ tọ̀rkèt (Diéval). — Les Torquettes.

cẽ trãt (Saint-Pol). — Les Trente. Contenance : trente *mesures.*

cẽ trãt-sĩs (Saint-Pol). — Les Trente-Six. Contenance : trente-six *mesures.*

cẽ trèz (Œuf-en-Ternois). — Les Treize. Contenance : treize *mesures.*

cẽ trèk (Gauchin-Verloing). — *Les Tranches.* Terrain bas, ***trẽkẽ***[3] par plusieurs fossés.

cẽ trèknèl (Houvin-Houvigneul). — Les Trinquenelles.

cẽ trẽt (Gauchin-Verloing; — Saint-Michel). — Les Trente. Champs contenant trente *mesures.*

cẽ trọ̀ ẽ sàp (Rosemont, commune de Saint-Pol). — ***Les Trous au Sable.*** Carrières de sable aujourd'hui abandonnées.

cẽ truẽ rĩọ̀ (Floringhem). — Les Trois Riots.

cẽ vàl ẽ grẽ (Fontaine-les-Boulans). — Le Val en grains.

cẽ vàlĩèt[4] (Humereuil). — Les Valliettes.

cẽ vàlĩmã (Bermicourt). — Les Valimans.

cẽ vàl ọ̃bẽ (Sibiville). — Le Val Aubin.

cẽ vànọ̀rẽ (Bours). — Le Valmorel.

cẽ vèrs-ẽ rwày (Maizières). — Les Verses Raies.

cẽ vẽn (Boubers-sur-Canche; — Vacqueriette). — Les Vignes. Ce nom rappelle la culture de la vigne en Artois.

cẽ vẽọ̀ (Flers). — Les Veaux.

cẽ vẽd'-dœ̀ (Saint-Pol). — Les Vingt-deux. Bois d'une contenance de vingt-deux *mesures.* — A Monts-en-Ternois : ***cẽ vẽd'-dœ̀,*** champs contenant vingt-deux *mesures.*

cẽ vẽt (Œuf-en-Ternois). — Les Vingt. Contenance : vingt *mesures.*

cẽ vĩgọ̀l ou ***cẽ vĩgọ̀p*** (Hernicourt). — Les Vignobles. Appellation rappe-

---

[1] ***sœ̀rèt,*** religieuse (subst.). || [2] ***tèrèt*** ou ***pĩt tèr,*** terres peu fertiles. || [3] Tranché, entrecoupé. || [4] ***vàlĩèt*** ou ***vàlẽyèt,*** petite vallée.

lant la culture de la vigne, disparue depuis trois siècles de notre province.

cé vòcèl (Boyaval). Les Vauchelles. Les terres de ce canton sont remplies de **vòcèl**[1].

cé vǘ (Œuf-en-Ternois). — Les Vues. Point culminant du terroir.

cé wànà (Œuf-en-Ternois). — Les Wanats.

cé wàrèn[2] (Bours). — Les Warennes.

cé wàrèt (Bours). — Le Champ Woirette.

cé üit (Œuf-en-Ternois). — Les Huit. Pièce de terre d'une contenance de huit *mesures*.

céz àlmà (Saint-Pol). — Les Allemands. Dans une pièce du XVIIe siècle, ce lieu dit est appelé : *Le Camp des Allemands*. Une partie des troupes de Charles-Quint campèrent sans doute en cet endroit lors du siège de 1537.

céz àrdèn (Pierremont). — Les Ardennes.

céz àrgàj (Saint-Michel). — Les Argages.

céz àrjilèt (Blangermont ; — Etrée-Wamin). — Les Argillettes. A cause de la nature du terrain[3].

céz àvẽ (Ramecourt). — Les Avents.

céz àyèt (Ligny-Saint-Flochel). — Les Hayettes.

é fòsàe d' cé sòs (Ligny-Saint-Flochel). — Le Fossé des Saules.

é fõ d' cé rnòvò (Marest). — Le Fond du Renouval.

é fõ d'èfèr (Anvin). — Le Fond d'Enfer.

é fõ d' ròbèrvò. — Voir **cé ròbèrvò**.

é fõ jènè (Marest). — Le Fond Jeannin.

é fõ kürbè (Œuf-en-Ternois). — Le Fond Courbet.

é fyé (Pernes-en-Artois). — Le Fief.

é gàe (Pernes-en-Artois). — Le Guet.

é grà kà (Marquay ; — Floringhem). — Le Grand Champ.

é grà rèdyòe (Marest). — Le Grand Rideau.

é kàtètè (Œuf-en-Ternois). — Le Cantintin ou le Contentin.

é kà à kàyòe (Maizières). — Le Champ à Cailloux.

é kà à kò (Maizières). — Le Champ à Chats.

é kà fèv èd ràm (Œuf-en-Ternois). — Le Champ Fève à Raine.

é kà sè-màrtàe (Œuf-en-Ternois). — Le Champ Saint-Martin. Cette appellation doit avoir une origine légendaire. Saint Martin est le patron de la paroisse d'Œuf.

é kà ààs (Marquay). — Le Champ Aousse.

é kà àz õyõ (Bailleul-aux-Cornailles). — Le Champ à Ognons.

[1] Convolvulus arvensis. || [2] **wàrèn**, **wàrèn**, garenne. Terme vieilli. || [3] **àrjilèt**, terres argilo-sableuses formées par alluvion. — A Saint-Pol : **àrjiyèt**.

ė' kė̃ bėrjė (Marquay). — Le Champ Berger.

ė' kė̃ grã rŭk (Bours). — Le Champ Grand Luc.

ė' kė̃ kărlė (Bours). — Le Carlet.

ė' kė̃ mădăm (Marquay). — Le Champ Madame.

ė' kė̃ năsyŏnăl (Marquay). — Le Champ National.

ė' kė̃ nĭkŏlŏ (Marest), — Le Champ Nicolas.

ė' kėnė̃ (Œuf-en-Ternois). — Le Chénet. Grande plaine au milieu de laquelle se trouvait un gros *kėn* (chêne).

ė' kmė̃ d' bėtėn (Ligny-Saint-Flochel). — Le chemin de Béthune.

ė' kmė̃ dėl bătăl (Diéval). — Le Chemin de la Bataille.

ė' kmė̃ dė pėlnăjė (Beauvois). — Le Chemin des Pélerins.

ė' kmė̃ d' pėrn (Marquay). — Le Chemin de Pernes.

ė' kmė̃ d' rŏkŭr (Marquay). — Le Chemin de Rocourt.

ė' kmė̃ d' sėt-ŏmė̃ (Ligny-Saint-Flochel). — Le chemin de Saint-Omer.

ė' krŏkė (Floringhem). — Le Croquet.

ė' krŏ (Ternas). — Le Crocq. Point culminant du terroir.

ė' kŭmõ (Bailleul-aux-Cornailles). — Le Cumont.

ė' kŭrtĭ ăz ėpėn (Croisettes). Le Courtil aux Epines.

ė' kŭrtĭ kăpĭ (Noyelle-Vion). — Le Courtil Capy.

ė' kwărŏ (Buneville). — Le Quoirot.

ėl ė̃ d' părĭ (Œuf-en-Ternois). — La Haie Parisse.

ėl ărcėr (Bours). — Le Grand Revers.

ėl ăryė̃ ėkė (Ramecourt). — Le Rietz Hecquet.

ėl ăyõ kėn (Diéval). — Le Hayon Quène.

ėl ĕrĭcė (Marest). — Le Hérissé.

ėl ėrõ (Rebreuve-sur-Canche). — Le Héron.

ė' lõ kė̃ (Diéval). — Le Long Champ. Pièce de terre de forme allongée.

ėl ŭc (Humereuil). — L'Ouche. Le houx *(ŭc)* était peut-être commun, autrefois, dans ce canton.

ė' mărkăy (Beauvois). — Le Marquais ou le Marquois.

ė' mėrkăj (Ramecourt). — *Le Marquage.*

ė' mŏlė̃ ă l'ŏl (Ligny-Saint-Flochel). — Le Moulin à l'huile. Démoli depuis longtemps.

ė' mŏlė̃ d' lĭgĭ (Ligny-Saint-Flochel). — Le Moulin de Ligny. N'existe plus.

ė' păĭ ă păr (Floringhem). — Le Pays à part.

ė' părkwăr (Ternas). — Le Parquoir.

ė' pănlyŏ (Pernes-en-Artois). — Le Pannetiot.

ė' pĭcõyė̃ (Maizières). — Le Pigeonnier. Champ qui fut jadis vendu, dit-on, pour un couple de pigeons.

ë' pèdü (Floringhem). — Le Pendu.

ë' pîr (Maizières). — Le Pire.

ë' pô àl trûï (Ternas). — Le Pot à la Truie.

ë' pôtyô d'àbrèn (Maizières). — Le Poteau d'Ambrines.

ë' põ (Ligny-Saint-Flochel). — Le Pont Durand.

ë' pá bèlé (Maizières). — Le Puits Bellay.

ë' rèdyà kùlõ (Ostreville). — Le Champ Coulon.

ë' rïô tîbô (Floringhem). — Le Riot Thibaut.

ë' rõ bó (Pernes-en-Artois). — Le Bois Rond.

ë' tèrwé à pàr (Œuf-en-Ternois). — Le Terroir à part. — A Nuncq : *ë' tèrwé à pàr*. — A l'ouest d'Herlincourt, même lieu dit. C'était un vaste espace de 600 *mesures* qui ne dépendait d'aucun village et ne payait aucune charge avant 1790. Ces terres provenaient des Templiers, dit-on.

ë' tõ (Pernes-en-Artois). — Le Tun. Le sous-sol des terres de ce canton est formé par une sorte de schiste rougeâtre nommé *tõ* dans le pays.

ë' vyô môlèy (Marquay). — Le Vieux Moulin.

dàryèr ès ài (Ligny-Saint-Flochel). — Derrière les Haies.

dzèr cé prè pïcõ (Œuf-en-Ternois). — Dessus les Prés Pichon.

dzèr lé mõ (Œuf-en-Ternois). — *Dessus les Monts.*

dzá ès èklô (Grand-Camp, commune de Saint-Michel). — Sous les Enclos. Partie du bois de Saint-Michel.

dzá ë' môlè à l'ôl (Ligny-Saint-Flochel). — Sous le Moulin à l'Huile.

ë bèrë (Bailleul-les-Pernes). — Le Berche.

ë bèrgôd'sàm (Saint-Michel). — Le Bergodsam. Colline élevée, située non loin de l'église.

ë bèrlïmõ (Pernes-en-Artois). — Le Bellimont. De ce point très élevé, dernière ramification des collines d'Artois, on découvre tout le *Plat Pays* et la plupart des villes voisines : Aire, Béthune, Saint-Venant, Cassel, etc.

ë bèrnïmõ (Diéval). — Le Bernimont.

ë bïbôdè (Bailleul-les-Pernes). — Le Bibodin.

ë blà kmè (Œuf-en-Ternois). — Le Blanc Chemin.

ë blà môlè (Averdoingt). — Le Blanc Moulin.

ë blà pàï (Œuf-en-Ternois ; — Boubers-sur-Canche). — Le Blanc Pays. Terres de nature calcaire, en majeure partie.

ë bó à ût (Saint-Pol). — Le Bois Hutte. Partie défrichée du Bois de la Ville.

ë bó àz ànèl (Hernicourt). — Le Bois à aunes. Cette essence y dominait autrefois.

ë bó bàrbé (Herlin-le-Sec). — Le Bois Barbet.

ë bó bàyõ (Saint-Michel). — Le Bois Bayon (ou Baillon). Défriché.

PAGES VIERGES
ABSENCE DE TEXTE
DOCUMENT NON REPRODUIT

www.ingramcontent.com/pod-product-compliance
Ingram Content Group UK Ltd.
Pitfield, Milton Keynes, MK11 3LW, UK
UKHW021209220726
13924UKWH00003B/1414

9 782019 674113